AF451671

CATALOGUE
DE LIVRES CHOISIS
OU
BIBLIOTHEQUE
DE M***. *Gaignat.*

Qui se vendra à l'amiable Mardy premier
Septembre 1739. ruë Pavée, la pre-
miere porte cochere à droite en entrant
par le Quay des Grands Augustins.

Et se distribue

A PARIS,

Chez **Piget**, Libraire, Quay des Augustins,
à l'image saint Jacques.

M. DCC. XXXIX.

L ES Livres de cette Bibliothé-
que font très-bien reliez,
la plus grande partie en Maro-
quin, Veau fauve, doré fur tran-
che, &c.

Le total du prix de la vente se trouve à
la fin du Catalogue.
on connoît l'avantage d'une appréciation à l'amiable sur celle
des Enchères, la première donne le prix usité dans le ———
commerce puisqu'elle est faite pour les Libraires comme pour
les particuliers. /.

CATALOGUE
DES LIVRES
DE M***.

THEOLOGIE.

ECRITURE SAINTE

ET

INTERPRETES.

Nº. 1 Iblia Sacra ex Editione Ifidori Clarii, *Venetiis. apud Juntas.* 1557. *fol.*   5

2 Biblia Sacra cum notis Vatabli. *Parif. Rob. Stephan.* 1565. in 8. *m. c.*   6

3 Biblia Sacra juffu Sixti V. edita. *Coloniæ Gualterius.* 1630. *in* 8.   24

4 Biblia Sacra Vulgatæ editionis cum notis Chro-   30

65

A

nologicis. *Parif. Vitré.* 1662. *fol. c. m. m. r.*

5 Biblia Latina. *Colonia. Egmont.* 1670. 6. *vol. in* 16. *mar. r.*

6 La Sainte Bible tranflatée en François par Robert Pierre Olivetan (aidé de Jean Calvin). *Neuchaftel.* 1535. 2. *vol. in fol. Maroq. v.*

7 La Bible Françoife , édition nouvelle fur la Verfion de Geneve, revûë & corrigée, avec les Notes de la Bible Flamande ; celles de Jean Diodati, & autres ; par les foins de Samuel & Henry des Defmarest pere & fils. *Amft. Elfevir.* 1669. 2. *vol. in fol. g. pap. Mar. r.*

8 La Sainte Bible traduite en François fur la Vulgate, par le Maître de Sacy. *Paris. Defprez.* 1701. 2. *vol. in* 4.

9 La Sainte Bible traduite en François fur la Vulgate, avec de courtes Notes pour l'intelligence de la Lettre, par le même. *Bruxelles.* 1702. 8. *vol. in* 12.

10 La Sainte Bible en Latin & en François, avec des Notes Litterales, & la Concorde des quatre Evangeliftes, par le même. *Paris.* 1715. 4. *vol. in fol. g. p.*

11 Les Pfeaumes mis en François par Marot. *Lyon.* 1562. *in* 18.

12 Les Pfeaumes de David en Latin & en François, avec des Réflexions Morales fur chaque verfet. *Paris. Ofmont.* 1700. 3. *vol. in* 12.

13 Novum J. C. Teftamentum editio Vulgata cum annotationibus. J. Benedicti. *Parif.* 1564. *in* 18. *m. r.*

14 Novum J. C. Teftamentum. *Parifiis è Typographiâ Regiâ.* 1649. 2. *vol. in* 12. *m. roug.*

15 Novum J. C. Teftamentum. *Bruxellis.* 1696. *in* 12.

16 Le Nouveau Testament François, selon la Vulgate. *Mons. 2. vol. in 8. m. n.*

17 N. Testament François traduit sur la Vulgate, avec les différences du Grec. *Mons. 1668. in 4.*

18 Le Nouveau Testament de la Traduction de Simon. *Trevoux. 1702. 2. vol. in 8. m. r.*

19 Le Nouveau Testament de Jesus-Christ traduit du Grec, par Jean le Clerc. *Amst. 1703. in 4.*

20 Il Nuovo Testamento di Giesu Christo. *In Lione. 1556. 2. vol. in 24. Fig. m. r.*

21 Icones Biblicæ cum figuris Æneis Merian. *in 4. Obl.*

22 Vitæ Passionis & Mortis Jesu-Christi Mysteria per J. Bourghesium, cum figuris Boetii à Bolservert. *Antuerpiæ. 1622. in 8.*

23 {
La Passion de Jesus-Christ par Gamaliel.
La Destruction de Jerusalem.
Le Doctrinal de Sapience, qui contient tous les Etats.
Les sept Sages de Rome.
Le Grand Chaton, Histoires morales & joyeuses. *in 4. Gotique. m. 6.*

24 Explication de plusieurs Textes difficiles de l'Ecriture, par D. Martin. *Paris. 1730. 2. tom. 1. vol. in 4.*

25 Histoire Evangelique, confirmée par la Judaïque & par la Romaine, par D. Paul Pezron. *Paris. 1696. 2. vol. in 12.*

26 Physique Sacrée, ou Histoire naturelle de la Bible, traduite du Latin de J. Scheuchzer, enrichie de 750. figures en Taille Douce, Gravée par J. André Pfeffel. *Amst. 1732. 6. vol. in fol. m. b. avec la souscription pour les tom. 7. & 8.*

27 Dictionnaire Historique, Critique, Chrono-
logique, Geographique & Litteral de la Bible,
par D. Augustin Calmet. *Geneve*. 1730. 4. *vol.*
in 4.

SAINTS PERES.

28 M. Minucii felicis octavius cum integris om-
nium notis ac Commentariis, nováque Recen-
sione Jacobi Ouzelii. *Lugd. Bat.* 1672. *in* 8.

29 Lucii Cœlii Lactantii Firmiani opera quæ ex-
tant cum selectis variorum Commentariis operâ
& studio Servatii Gallæi. *Lugd. Bat.* 1660.
in 8.

LITURGIES.

30 Heures Gothiques avec de belles Miniatures.
in 4.

31 Heures Gothiques Mss. sur Velin. *in* 8. avec
Miniatures.

32 Heures Gothiques Mss. sur velin. *in* 8. avec
Miniatures.

33 Heures Gothiques Mss. sur velin. *in* 8. avec
Miniatures.

34 Heures Gothiques imprimées sur velin. en 1498.
in 4.

35 Heures Gothiques imprimées sur velin l'an
1509. *in* 8. avec Miniatures.

36 Le nouveau Missel de Paris. 1738. 4. *vol.* 12.
m. bl.

37 Office de l'Eglise & de la Vierge en Latin &
en François, avec les Hymnes en Vers, par

LITURGIES.

Dumont. *Paris. Camufat.* 1651. *in* 12.

38 L'Office de l'Eglife en Latin & en François, de la traduction de Dumont. *Paris.* 1700. *in* 8. *m. r. Ferm. d'arg.*   10

39 Hymni Sacri & Novi aut. Santolio. *Parif.* 1689. *in* 12. *m. r.*   1 - 10

CONCILES.

40 Concilium Tridentinum. *Bruxellis.* 1704. *in* 24. *m. v.*   1 - 4.

41 Le Concile de Trente traduit par Hervet. *Paris.* 1574. *in* 18.   1 -

42 Le Concile de Trente de la traduction de Chanut. *Paris.* 1686. *in* 12.   - 12

THEOLOGIENS.

Scholaftiques.

43 Fr. Collii de Sanguine Chrifti Libri V. *Mediolani.* 1617. *in* 4.   36 -

44 Fr. Collii de animabus Paganorum Libri V. *Mediol.* 1738. 2. *vol. in* 4. *v. f.*   36 -

45. Traité de l'Expofition du faint Sacrement de l'Autel, par J. B. Thiers. *Paris.* 1679. 2. *vol. in* 12.   4 -

56 Traité des Cloches, & de la fainteté du Pain & du Vin aux Meffes des Morts, par J. B. Thiers. *Paris.* 1721. *in* 12.   2 -

47 Difcours contre le Paganifme des Rois de la Féve & du Roi-Boit, par J. Deslyons. *Paris.* 1664. *in* 12.   2 - 10

102 4" - 10

Moraux.

48 Traité de la Croix, ou explication du Myflere de la Paffion de J. Ch. par M. l'Abbé Duguet. *Paris.* 1733. 9. *vol. in* 12.

49 Traité des Scrupules, du même. *Par.* 1718. *in* 18.

50 Quatre Lettres fur les jeux de hazard, & une fur l'ufage de fe faire celer, pour éviter une vifite incommode. *La Haye.* 1713. *in* 12.

51 De la plus folide, la plus nécéffaire & fouvent la plus négligée de toutes les dévotions, par J. Baptifte Thiers. *Paris.* 1702. 2. *vol. in* 12.

52 L'Avocat des Pauvres, le même *Par.* 1676. *in* 12.

53 Le Commerce dangereux entre les deux fexes. *Bruxelles.* 1715. *in* 12.

54 Traité de la Pratique des Billets entre les Négocians. *Mons.* 1684. *in* 12.

55 Réfutation du Traité de la pratique des Billets entre les Négocians. &c. 1702. *in* 12.

56 Marcelli Ancyrani (Jac. Boileau) difquifitiones duæ de Refidentia Canonicorum , quibus accefſit tertia de Taĉtibus impudicis, an fint peccata mortalia vel venialia. *Parifiis.* 1695. *in* 8.

57 Sermones Quadragefimales Gab. Bareletti. *Rothomagi.* 1515. *in* 8. *m. r.*

58 Sermones Dominicales Dormi fecurè. *Parifiis.* 1538. *in* 8. *Gothiq. m. c.*

59 Les Sermons du P. Bourdaloüe. *Paris. Imprimerie Royale.* 1709. 14. *vol. in* 8.

Myſtiques.

60 Th. à Kempis de Imitatione Chriſti Libri IV. Amſt. Elzevir. 1679. in 12.

61 De Imitatione Chriſti Libri IV. Par. 1697. in 32. m. r.

63 L'Echelle du Paradis, Ouvrage très-utile pour au partir de ce monde Eſcheller les Cieux, par Fr. Arnaux. Lyon. 1670. in 12.

64 Les Allumetes du feu Divin, par Pierre Doré. Rouen. 1540. in 18.

65 Le Chriſtianiſme éclairci ſur les différens du tems, en matiere de Quietiſme. Amſt. 1700. in 12.

66 Hipparchus de Religioſo negotiatore, diſcepta‑ tio. Francepoli. 1642. in 8.

Controverſiſtes & Heterodoxes.

67 La Religion Chrétienne prouvée par les Faits, par l'Abbé Houtteville. Par. 1722. in 4.

68 Diſcours ſur les moyens anciennement prati‑ qués par les Princes Catholiques contre les Se‑ ctes, par Claude de Sainctes. Par. 1563. &c. in 8.

69 Lettres Critiques ſur divers ſujets importans de l'Ecriture Sainte, par M. de J. Amſt. 1715. in 12.

70 Les Vérités & les devoirs de la Religion Chré‑ tienne, par Daniel de Superville. Amſt. 1708. in 8.

71 La paix des bonnes ames, par P. Poirée. Amſt. 1687. in 12.

72 La mort des Justes, par Jean la Placette. *Amst.* 1696. *in* 12.

73 Sermons sur divers Textes de l'Ecriture Sainte, par Jacques Saurin. *La Haye.* 1730. 9. *vol. in* 8.

74 Sermons sur divers Textes de l'Ecriture Sainte, par Galatin. *Geneve.* 1720. *in* 8.

75 Nouveaux Sermons sur divers Textes de l'Ecriture Sainte, par Ant. Leger. *Geneve.* 1728. 2. *vol. in* 8.

76 Du pouvoir des Souverains, & de la liberté de Conscience, trad. du Latin de Noodt, par J. Barbeyrac. *Amst.* 1707. *in* 12.

77 Traité de la liberté de Conscience ou de l'autorité des Souverains sur la Religion des Peuples. &c. *Cologne.* 1687. *in* 12.

78 Le Gentil instruit dans la conduite des Vertus. *Londres.* 1723. *in* 8. en Anglois.

79 Le Christianisme raisonnable, tel qu'il nous est représenté dans l'Ecriture Sainte, traduit de l'Anglois de Locke. *Amsterd.* 1705. 2. *vol. in* 12.

80 L'usage & les Fins de la Prophetie, par T. Sherlock. *Amst.* 1729. *in* 8.

81 Les Oeuvres de Jean Tillotson, Archevêque de Cantorbery, contenant ses Sermons, Discours, &c. *London.* 1733. 3. *vol. in fol.* en Anglois.

82 Apologie de la Doctrine des Trembleurs, par Robert Barclay. *Lond.* 1702. *in* 8.

83 Bernardini Ochini Dialogi. *Basileæ.* 1563. 2. *vol. in* 8. *m. bl.*

85 Les très-merveilleuses Victoires des femmes du nouveau monde, & comment elles doivent à tout le monde par raison commander, par Guillaume Postel. *Par.* 1553. *in* 16. m. bl.

86 { Julii Cæsaris Vanini de admirandis naturæ Reginæ deæque mortalium arcanis Dialogi. *Par.* 1616. *in* 8. m. r.
Amphitheatrum æternæ providentiæ divino Magicum J. C. Vanino auctore. *Lugd.* 1615. *in* 8. m. r.

87 Pensées de Simon Morin, avec ses Cantiques & Quatrains Spirituels, imp. en 1647. *in* 8. mar. r.

88 La Foi dévoilée par la raison, par Parisot. *Paris. in* 8.

89 Réfutation des erreurs de Benoît de Spinosa, par M. de Fenelon, par le P. Lami & M. le Comte de Boulainvilliers, avec la Vie de Spinosa écrite par J. Colerus. *Bruxelles.* 1731. *in* 16. mar. b.

90 Le Conte du Tonneau. *Londres.* 1705. *in* 8. en Anglois.

91 Le Conte du Tonneau, contenant tout ce que les Arts & Sciences ont de plus sublime, par le D. Svvift. *La Haye.* 1732. 3. *vol. in* 12. fig.

92 La Religion du Medecin, par Thomas Brovvn. *Amst.* 1668. *in* 12.

93 Pantheisticon sive formula celebrandæ sodalitatis Socraticæ auctore Toland. *Cosmopoli.* (*Lond.*) 1720. *in* 8. mar. r.

94 L'Alcoran de Mahomet, de la traduction de du Ryer. *Paris* 1649. *in* 12.

JURISPRUDENCE

DROIT CANONIQUE.

95 Nova & Methodica Inftitutionum Juris Canonici tractatio. *Parif.* 1701. *in* 24.

96 Le Bouclier de la France, ou les fentimens de Gerfon, touchant les différens des Rois de France avec les Papes, par M. le Noble. *Cologne.* 1690. *in* 12.

97 Traité de l'autorité des Rois, touchant l'adminiftration de l'Eglife, par Talon. *Amft.* 1700. *in* 12.

98 Les Droits des Souverains défendus contre les Excommunications & Interdits des Papes, par Fra Paolo. *La Haye.* 1721. 2. *vol. in* 12.

99 Traité de la compétence des Jurifdictions Ecclefiaftiques, par Cl. Horry. *Paris.* 1703. *in* 4.

100. Pratique Civile des Officialités, Ordinaires & autres Cours & Jurifdictions Ecclefiaftiques, par le même. *Paris.* 1703. *in* 4.

101 Factum pour les Religieufes de fainte Catherine lés Provins contre les Peres Cordeliers. *in* 12.

DROIT CIVIL.

Droit de la Nature & des Gens.

102 H. Grotii de jure Belli ac Pacis, acc dit Differtatio de mare libero, cum notis G. onovii. *Amft.* 1712. *in* 8. mar. r.

103 Le Droit de la Guerre & de la Paix, traduit du Latin de Grotius, par J. Barbeyrac. *Amsterd.* 1729. 2. *vol. in* 4. *g. p.*

104 Fœdera, Conventiones, Litteræ & cujuscumque Generis Acta publica inter Reges Angliæ & alios quosvis Imperatores, Reges, Pontifices &c. ab anno 1101. ad nostra usque Tempora; in lucem Missa è mandato Annæ Reginæ, accurante Thoma Rymer & post illum Rob. Sanderson. *Londini.* 1727. 17. *vol. in fol. v. m.*

105 Corps universel Diplomatique du Droit des Gens, contenant un recueil des traitez de Paix depuis Charle-Magne jusqu'à present, par du-Mond. *Amsterdam.* 1726. 8. *vol. in fol.*

106 Histoire des traitez de Paix & autres Negociations du 17. siécle, depuis la Paix de Vervins jusqu'à la Paix de Nimegue. *Amst.* 1725. 2. *vol. in fol.*

107 Negociations secretes touchant la Paix de Munster & d'Osnabrug. *La Haye.* 1725. 4. *vol. in fol.*

108 Histoire du Congres & de la Paix d'Utrecht, comme aussi celle de Rastadt & de Bade. *Utrecht.* 1716. *in* 12.

109 Memoires pour servir à l'Histoire du Congrès de Cambray, avec un traité Historique sur les Investitures de quelques Etats d'Italie. *Amsterd.* 1723. *in* 4.

110 Samuelis Puffendorfii Dissertatio de fœderibus inter Sueciam & Galliam. *Hagæ. Comit.* 1708. *in* 12.

Droit Romain.

111 Imp. Justiniani Institutionum Libri. *Amsterd.* 1632. *in* 24.

112 Idem *Parisiis.* 1663. *in* 24.

113 Les Loix Civiles dans leur ordre naturel : le Droit Public & Legum Delectus, par Domat. *Paris* 1735. *in fol.*

Droit François.

114 Commentaire de M. Dupuy, sur le traité des Libertez de l'Eglise Gallicane de Pierre Pithou, avec les Notes de M. l'Abbé Langlet du Frenois. *Paris.* 1715. 2. *vol. in* 4.

115 Stephani Baluzij Capitularia Regum Francorum. *Parisiis.* 1677. 2. *vol. in fol. g. p. mar. r.*

116 Ordonnance des Rois de France de la troisiéme race, recueillis par de Lauriere. *Paris, de l'Imprimerie Royale.* 1723. 2. *vol. in fol.*

117 Instructions sur le fait des Eaux & Forêt, par de Chauffour. *Roüen.* 1642. *in* 8.

118 Ordonnance de Loüis XIV. de 1667. *Paris.* 1717. *in* 24.

119 Ordonnance de Loüis XIV. du mois de Mars 1669. concernant la Jurisdiction des Prevôts des Marchands. *Paris.* 1676. *in fol. mar. r.*

120 Ordonnance de Loüis XIV. pour les affaires Criminelles en 1670. *Paris.* 1724. *in* 24.

121 Procès Verbal de l'Ordonnance Criminelle de 1670. redigé par Joseph Foucault Secretaire de la Conference, *in fol. Mss.*

122 Ordonnance de Loüis XIV. de 1673. pour le Commerce. *Paris.* 1709. *in* 24.

123 Procès verbal de l'Ordonnance de 1677. redigé par Joseph Foucault Secretaire de la Conference, 2. *vol. in fol. Mss.*

124 Ordonnance de Loüis XIV. sur le fait des Eaux & Forêts. *Paris.* 1714. *in* 24.

125 Ordonnance de Loüis XIV. fur les Fermes. 1721. *in* 24.

126 Ordonnance de Loüis XIV. fur les Gabelles. *Paris.* 1721. *in* 24.

127 Recueil des Edits & Ordonnances de Loüis XIV. rangée par ordre Chronologique depuis 1700. jufqu'en 1707. 22. *vol. in* 4. *Mar. Bl.*

129 Dictionnaire des Arrêts, de Brillon. *Paris.* 1727. 6. *vol. in fol.*

130 Arrêt du Parlement de Touloufe, contenant une Hiftoire d'un fuppofé mari, par Jean de Coras. *Paris.* 1572. *in* 8.

131 Les Oeuvres de Guy Coquille. *Paris.* 1666. 2. *vol. in fol.*

132 Traité des Infcriptions en faux & reconnoif-fances d'écritures, par Raveneau. *Paris.* 1666. *in* 12.

133 Traité des Donations entre vifs & Teftamen-taires, par Marie Ricard. *Paris.* 1734. 2. *vol. in fol.*

134 Traité des Succeffions, par le Brun. *Paris.* 1682. *in fol.*

135 Traité des Succeffions & de la Communauté, entre mari & femme, par le Brun. *Paris.* 1734. 2. *vol. in fol*

136 Traité des Proprès Reels, reputez Reels & Conventionels, par P. de Renuffon. *Paris.* 1681. *in fol.*

137 Recueil General des Pieces contenuës au Pro-cès de M. le Marquis de Gefvres. *Rotterdam.* 1714. 2. *vol. in* 12.

138 Stile des Lettres des Chancelleries de France, par Du-Sault. *Paris.* 1666. *in* 4.

Droit Etranger.

139 Frid. Lindenbrogii codex legum antiquarum. *Ffurti.* 1613. *in fol.*

140 Catalogue des Livres de Droit du Royaume d'Angleterre, imprimé jusqu'en 1725. *Lond.* 1726. *in* 12. en Anglois.

141 Les Loix & Actes du Parlement d'Angleterre, depuis Jacques I. jusques sous Charles II. par Thomas Murey. *Edimbourg.* 1681. *in fol.* en Anglois.

142 Traité des Loix qui concernent les Fermiers & ceux qui tiennent des Terres &c. *Lond.* 1726. *in* 12. en Anglois.

143. Traité sur la fonction des grand Juré &c. par le Chevalier Jacques Astry. *Lond.* 1725. *in* 8. en Anglois.

144 Le Praticien Anglois, ou Traité de l'Office des Juges de Paix, par Joseph. Shavv. *Lond.* 1728. 2. *vol. in* 8. en Anglois.

SCIENCES ET ARTS.

PHILOSOPHIE.

Philosophes anciens & nouveaux.

145 La Vie de Pythagore, ses Symboles, ses Vers Dorez, & la Vie d'Hierocles, par M. Dacier. *Paris.* 1706. 2. *vol. in* 12.

146 Platonis de Rebus divinis Dialogi selecti Græ-

cè & Latinè. *Cantabrigiæ* 1683. *in* 8.

147 Les Oeuvres de Platon traduites en François avec des Remarques , par M. Dacier. *Paris.* 1689. 2. *vol. in* 12.   3.

149 L. Annæi senecæ Philosophi opera omnia. *Lugd. Bat. Elzeviers.* 1640. 3. *vol.*   12.

150 Les Hipotiposes ou Institutions Pironiennes. de sextus Empiricus. 1725. *in* 12.   3.

Logique.

151 La Logique de Isaac Wastte. *Lond.* 1731. *in* 8. en Anglois.   4.

Metaphysique.

152 Jordani Bruni de Imaginum , signorum & idearum compositione. *Ffurti.* 1591. *in* 12.   6.

153 De la Vérité, en tant qu'elle est distincte de la revelation, du vrai semblable , du possible & du faux , par Edouart. de Cherbury. 1639. *in* 4.   1.

154 L'Art de se connoître soi-même , par Abbadie. *Rotterd.* 1711. *in* 12.   2.

155 Essai Philosophique concernant l'entendement humain , par M. Locke. *Amst.* 1700. *in* 4.   6.

156. Le même. *Amst.* 1735. *in* 4.   8.

157. La Philosophie du Bon-sens ou Réflexions Philosophiques sur l'incertitude des connoissances humaines , par M. le Marquis d'Argens. *Lond.* 1737. *in* 12.   2.

158 Examen du Pyrrhonisme ancien & moderne, par M. de Crouzas. *La Haye.* 1733. *in fol.*   12.

159 Essai sur la nature des passions. *Lond.* 1728. *in* 8. en Anglois.   2.

160 Dæmonis Mimica. *Parisiis.* 1617. *in* 12.

162 Le monde enchanté ou examen des communs sentimens touchant les Esprits, par Balt. Bekker. *Amst.* 1694. 4. *vol. in* 12.

163 Tractatus de fascinatione auth. frommanno. *Norembergæ.* 1675. *in* 4.

Morale.

164 Les Caracteres de Theophraste, ou les Mœurs de ce Siécle, par de la Bruyere. *Amst.* 1731. 2. *vol. in* 12.

165 De la vicissitude ou varieté des choses, par Louis le Roi, dit Regius. *Paris.* 1598. *in* 8.

166 La doctrine des mœurs, par de Gomberville. *Paris.* 1646. *in fol. fig. mar. r.*

167 Le Censeur ou caracteres des mœurs de la Haye. *La Haye.* 1715. *in* 12.

168 Le Mentor moderne, ou Discours sur les mœurs du Siécle. *Rouen.* 1725. *in* 12. 3. *vol.*

169 Le Spectateur, ou le Socrate moderne, traduit de l'Anglois de Steel. *Amst.* 1719. 5. *vol. in* 12.

170 Nouveau Spectateur François, ou Discours dans lesquels on voit un portrait naïf des mœurs de ce Siecle. *La Haye.* 1725. 2. *vol. in* 12.

171 Réflexions Morales, Satyriques & Comiques sur les mœurs de notre Siecle. *Liege.* 1733. *in* 8.

172 La bagatelle, ou Discours Ironiques, où l'on prête des sophismes ingénieux au vice & à l'extravagance, pour en faire mieux sentir le ridicule. *Amst.* 1722. *in* 12.

173 Le Babillard, ou le Nouvelliste Philosophe, traduit de l'Anglois. *Amst.* 1725. *in* 12.

174 Réflexions, Sentences & Maximes morales

de

de M. de la Rochefoucault , avec les Notes
de M. Amelot de la Houssaye. *Paris.* 1714.
in 12.

175 Amusement curieux écrit à l'imitation des
maximes de M. de la Rochefoucault , par Tho-
mas Rymer. *Lond.* 1714. *in* 12. en Anglois.

176 Philotecte ou Voyage instructif & amusant ,
avec des Réflexions Politiques , Militaires &
Morales , par M. Ansart. *Paris* 1737. *in* 12.

Oeconomie.

177 Essais sur la conduite de la Vie. *Lond.* 1726.
in 8. en Anglois.

178 Le Gentilhomme Parfait , ou Tableau de la
vraye Noblesse , par L. P. Marois. *Paris.* 1631.
in 8.

179 Moyens légitimes pour parvenir à la faveur
& pour s'y maintenir , ou le Réveille matin des
Courtisans , par Seb. Hardi. *Paris.* 1623. *in* 8.

180 Discours sur l'emploi du loisir. *Paris.* 1739.
in 12. *mar. b.*

181 Histoire Critique , Politique , Morale & Co-
mique sur les Loteries , traduit de l'Italien de
Leti. *Amst.* 1692. 2. *vol. in* 12.

Politique.

182 Le Livre de politiques d'Aristote. *in fol.* Goth.
très-ancienne édit.

183 Politiques Royales de François de Gravelle.
Lyon. 1596. *in* 12.

184 La Loüette des affaires d'Etat , des Finances
du Prince & de sa Noblesse. *Mets.* 1597.
in 8.

185 Recueil de Traité d'Etat par M. Thomas

Brovvn. *Lond.* 1702. 2. *vol. in* 8. en Anglois.

186 Pietra del paragone politico di trajano Boccalini. *in Cofmopoli.* 1640. *in* 24.

187 Ant. le Grand fcydromedia, feu fermo Alphonfi de la vida. de Monarchia. 1680. *in* 8.

188 Difcours fur le Gouvernement, par Algernon Sidney. *Lond.* 1704. *in fol.* en Anglois.

189 Frée Holder ou l'Anglois jaloux de fa liberté. *Londres.* 1711. *in* 12. en Anglois.

190 Le même traduit en François. *Amft.* 1727. *in* 12.

191 Confidérations politiques fur les coups d'Etat, par Gabriel Naudé. *Hol.* 1667. *in* 12.

192 Les mêmes. 1712. *in* 12.

193 Sciences des Princes, ou les mêmes confidérations politiques de Naudé, avec les Réflexions Hiftoriques, Morales & Politiques de Louis du May. *Imp. en* 1673. *in* 8.

194 Dictionnaire Univerfel du Commerce, par Savary. *Paris.* 1723. 3. *vol. in fol.*

195 De la puiffance légitime du Prince fur le Peuple, & du Peuple fur le Prince, traduit du Latin. de Junius Brutus. 1581. *in* 8.

196 J. Mariana de Rege & Regis inftitutione lib. 3. ejufdem de ponderibus & menfuris. *Ffurti.* 1611. *in* 8.

197 {
Nic. Machiavelli Princeps. ex Tellii traductione. *Francofurti.* 1622.
Vindiciæ contra Tyrannos five de Principis in Populum populique in Principem legitima Poteftate aut Junio Bruto. *Ffurti.* 1622. *in* 12.
}

198 Recueil de maximes importantes pour l'Inftitution du Roi, contre la Politique du Card.

Mazarin. *Paris.* 1652. *in 8.*

199 Elemens Philofophiques du Citoyen, traité Politique, par Thomas Hobbes. *Amft.* 1649. *in 8.*

200 Les devoirs de l'Homme & du Citoyen, traduit du Latin de Pufendorf, par Barbeyrac. *Amft.* 1718. 2. *vol. in* 12.

201 Memoires touchant les Ambaffadeurs & les Miniftres publics, par de Wicquefort. *Cologne.* 1679. 2. *vol. in* 12.

202 L'Ambaffadeur & fes fonctions, par le même. *Cologne.* 1715. 2. *vol. in* 4.

203 Projet de Traité pour rendre la paix perpetuelle entre les Souverains. *Utrecht.* 1617. 2. *vol. in* 12.

Phyfique.

204 Oeuvres diverfes de Phyfique & de Mechanique, par Ch. & P. Perrault. *Leide.* 1721. 2. *tom.* 1. *vol. in* 4.

205 Traité de l'Équilibre des Liqueurs & de la pefanteur de l'Air, par Pafcal. *Paris.* 1698. *in* 12.

206 Traité du Mouvemens des Eaux trad. du François de Mariotte, par M. Defaguilliers. *Lond.* 1718. *in 8.* en Anglois.

HISTOIRE NATURELLE.

Hiftoire naturelle univerfelle.

207 Les principales Merveilles de la Nature, ou l'on traite de la Subftance de la Terre, de la Mer, des Fleuves, Lacs, Rivieres, Montagnes,

Rochers &c. *Amst.* 1723. *in* 12. *fig.*

207* Le même. *Roüen.* 1426. *in* 12. *fig.*

208 Le miroir de l'Art & de la Nature, par Fran-
queville Latin & François. *Paris.* 1691. *in* 8. *fig.*

209 Essais sur l'Histoire naturelle de la Terre, par
M. J. Woodward. *Londre.* 1695. *in* 8. en Anglois.

Histoire naturelle des Eaux, Fontaines &c.

210 Discours de la Nature des Eaux & Fontaines,
tant naturelles qu'artificielles, des Metaux, des
Sels & Salines, des Pierres &c. par Palissy. *Paris.*
1580. *in* 8.

211 La vraye Anatomie spagyrique des Eaux mi-
nerales, par Henry de Rochas. *Paris.* 1637.
in 8.

212 Les fontaines de Spa. *Liege.* 1616. *in* 8.

213 Lettres Philosophiques sur la formation des Sels
& des Chrystaux, par Bourguet. *Amst.* 1729.
in 12.

AGRICULTURE.

Histoire naturelle des Plantes.

214 Dictionnaire Oeconomique, contenant divers
moyens d'augmenter son bien & conserver sa
santé, par Chomel. *Paris.* 1732. 2. *vol. in fol.*

215 De la Nature, vertus & utilité des Plantes,
par Guy de la Brosse. *Paris.* 1628. *in* 8.

216 Elemens de Botanique ou Methode pour con-

noître les Plantes, par Pitton Tournefort. *Paris.*
de l'Impr. Royale. 1694. 3. *vol. in* 8. *fig.*

217 Histoire des plantes, traduites du Latin de Leo-
narth-Fusch. *Lyon.* 1675. *in fol. fig.*

218 Memoires pour servir à l'Histoire des Plantes,
par M. Dodart. *Paris.* 1679. *in* 12.

219 Commentaire de Pierre André Matthiole sur
Dioscoride mis en François, par Jean des Mou-
lins. *Lyon, Rouille.* 1678. *in fol. fig.*

220 { Instruction sur l'herbe Petum & sur la racine
Mechiocan, par J. G. P. *Paris.* 1572.
Art & moyen de tirer Huile & Eaux de
tous medicaments simples & oleogineux,
par Jacques Besson. *Paris.* 1573.
Traité de la Goutte, concernant les moyens
de s'en préserver & de s'en guerir. *Paris.*
1573.
Traité de la Peste, par Hovel. *Paris.* 1573.

221 Joan. Chr. Magneni, Exercitationes de Tabaco.
Hagæ. 1658. *in* 12.

222 Traité des Fougeres de l'Amerique, par le
R. P. Charles Plumier. *Paris.* 1705. *in fol. gr. p.*
mar. r.

Histoire naturelle des animaux.

223 Histoire naturelle des Insectes, selon leurs dif-
ferentes metamorphoses, par Goedart. *Amsterd.*
1700. 3. *vol. in* 12. *avec fig. enluminées.*

224 Tractatus varii de Pulicibus, *in* 12. *fig.*

225 Secrets concernant les Arts & Metiers. *Rouen.*
1724. 4. *vol. in* 12.

Medecine.

226 Discours des Interrogatoires faits par les Doc-

teurs de la Faculté de Medeçine à Roc le Baillif dit la Riviere, sur certains points de sa doctrine. *Paris, in* 12.

227. Nouvelles decouvertes en Medecine ou ancienne Medecine, développée par Marconnay. *La Haye.* 1731. *in* 12.

228 Discours sur l'impuissance de l'homme & de la femme, par Vincent Tagereau. *Paris.* 1612. *in* 8.

229 Pillule pour purger la mélancolie. *Londre.* 1715. *en Anglois.*

230 Recueil des Remedes faciles & domestiques de Madame Fouquet. *Dijon.* 1678. *in* 12.

231 Les Secrets d'Alexis Piemontois. *Rouen.* 1662. *in* 8.

232 Nouveaux Secrets pour conserver la beauté des Dames, par Digby. *La Haye.* 1700. 2. *Tom.* 1. *vol. in* 12. *mar. r.*

Anatomie.

233 Godefridi Bidloo Anatomia Humani corporis centum & quinque tabulis per artificios. G. de Lairesse ad vivum delineatis demonstrata. *Amst.* 1685. *in fol' gr. p. mar. bl.*

Chimie.

234 Cours de Chimie de P. Thibaut dit le Lorrain. *Paris.* 1674. *in* 8.

235 La Bibliotheque des Philosophes Chimiques. *Paris.* 1672. *in* 12.

Alchymie.

236 Le Triomphe Hermetique, ou la Pierre Philosophale victorieuse. *Amsterdam.* 1710. *in* 12.

MATHEMATIQUES.

237 Elemens des Mathematiques ou traité de la Grandeur en General, par le R. P. Bernard Lamy. *Paris.* 1704. *in* 12.

Astrologie.

238 Livre d'Arcandam Docteur & Astrologue non vulgaire. *Paris.* 1563. *in* 8.

239 Les Propheties de M. Nostradamus jouxte la Copie de 1568. *in* 8.

240 Les mêmes *Paris.* 1668. *in* 12. *mar. r.*

241 La Geomance de Christophe Cattan. *Par.* 1558. *in* 4.

Mechanique.

242 L'Art de Tourner, par Plumier. *Lyon.* 1701. *in fol. fig.*

243 L'usage du Compas de proportion, par M. Ozanam. *Paris.* 1736. *in* 8.

244 Tables des Sinus tangentes & secantes, par Ulacq. *Paris.* 1699. *in* 8.

ARTS.

Architecture.

245 Les principes d'Architecture, Sculpture, Peinture & des autres Arts qui en dependent, avec un Dictionnaire des termes propres à chacun de ses Arts, par Felibien. *Paris.* 1699. *in* 4.

246 Nouveau traité d'Architecture, par P. Nati-

vel. *Paris.* 1729. 2. *vol. in fol. gr. p.*

247 Essais sur la défense de l'Architecture ancienne ou Paralelle de l'ancienne avec la moderne, par Robert Morris de Twickenham. *Londres.* 1728. *in* 4. *fig. en Anglois.*

Art Militaire.

248 Les Travaux de Mars ou l'Art de la Guerre, par Alain Manesson Mallet. *Paris.* 1685. 3. *vol. in* 8. *mar. r.*

249 Le veritable Vauban, donnée par Chr. Sturm. *La Haye.* 1710. *in* 8. *fig.*

250 Nouveau Systême sur la maniere de defendre les Places par le moyen des contremines. *Paris.* 1731. *in* 12.

251 Memoires de M. le Marquis de Feuquieres. *Paris.* 1737. 4. *vol. in* 12. *fig.*

Peinture, Sculpture &c.

252 Sentimens sur la distinction des diverses manieres de Peinture &c. par Bosse. *Paris.* 1649. *in* 12.

253 Studio di Pittura, Scultura & Architettura nelle Chiese di Roma, da Filippo Titi in Roma. 1674. *in* 12.

254 Ammaestramento utile è curioso di Pittura, Scoltura & Architettura nelle Chiese di Roma da Filippo Titi. *Roma.* 1686. *in* 12.

255 Le maraviglie dell'Arte, overo le vite degli Illustri Pittori Veneti, descritte dal Carlo Ridolfi. *in Venetia.* 1648. *in* 4. *fig.*

256 Le ricche Minere della Pittura Veneziana de Boschini, *in Venetia.* 1674. *in* 12.

257 Description de l'Academie Royale des Arts de

Peinture & de Sculpture , par Guerin. *Paris.*
1728. *in* 12. *m. r.*

Eſtampes.

Les Tableaux du Cabinet du Roi au nom-
bre de 38. avec leurs explications *in fol. g. p.
mar. r.*

Les Batailles d'Alexandre le Grand en 5. Plan-
ches gravées par Audrand, *in fol. gr. p.
mar. r.*

Les Medaillons antiques du Cabinet du Roi
au nombre de 41. par de la Boſſiere, *in fol.
gr. p. mar. r.*

Plans , Elevations & vûës des Châteaux du
Louvre & des Tuilleries au nombre de 40.
in fol. gr. p. mar.

Plans , Elevations & vûës du Château de Ver-
ſailles au nombre de 29. *in fol. gr. p. mar. r.*

Grottes, Labyrinthe , Fontaines & Baſſins
de Verſailles en 48. pieces, avec leurs expli-
cations , *in fol. gr. p. mar. r.*

Le Labyrinthe en 41. Planches gravées par
le Clerc. *in* 8. *gr. p. mar. r.*

Statuës du Roi, antiques & modernes au nom-
bre de 48. avec leurs explications, *in fol. gr. p.
mar. r.*

Termes , Buſtes , Sphinx & Vaſes du Roi
à Verſailles en 51. planches 1. *vol. in fol.
gr. p. mar. r.*

Tapiſſeries gravées d'après M. le Brun , par Se-
baſtien le Clerc, ſçavoir les 4. Elemens & les
4. Saiſons avec les deviſes qui les accompa-
gnent & leurs explications au nombre de 28.
Paris , impr. Royale. 1679. *Plus dans le même
volume.*

D

Renouvellement d'alliance entre la France & les Suisses. Le Siege de Douay, défaite de l'armée Espagnole & le siege de Tournay. *in fol. gr. p. mar. r.*

Carrousel, Courses de Tête & de Bague en 51. pieces avec leurs explications. *Paris. 1662. in fol. gr. p. mar. r.*

Les fêtes de Versailles ou les Plaisirs de l'Isle enchantée en 20. pieces *in fol. gr. p. mar. r.*

Plans, Elevations, Vuës, Coupes & Profils de l'Hôtel Royal des Invalides en 2. pieces avec leurs explications, *in fol. gr. p. mar. r.*

Plans, Profils, Elevations, & vûës de differentes Maisons Royales en 26. pieces *in fol. mar. r. gr. p.*

Desseins, Profils & vûës de quelques lieux de remarque avec divers plans détachez de Villes, Citadelles & Châteaux, par Sylvestre, le Pautre & Audran au nombre de 15. *in fol. gr. p. mar. r.*

Plans & Profils appellez les petites conquêtes servans à l'Histoire de Loüis X I V. par le Clerc & autres au nombre de 40. *in fol. gr. p. mar. r.*

Vûës, Marches, Entrées, Passages & autres sujets servans à l'Histoire de Loüis XIV. par Wandermeulen au nombre de 18. *in fol. mar. r.*

Vuës, Entrées & autres sujets servans à l'Histoire de Loüis XIV. par Wandermeulen au nombre de 23. *in fol. gr. p. mar. r.*

Paysages, morceaux d'étude &c. gravés d'après

Wandermeulen en 34. piéces *in fol. g. p. mar. r.*

Plans, Profils & Vûës de Camps, Places, Siéges & Batailles, fervans à l'Hiftoire de Louis XIV. par Beaulieu. 5. *vol. in fol. g. p. m. r.*

Suite & arrangement des Volumes d'Eftampes, dont les Planches font à la Bibliothéque du Roi. *Paris, de l'Imprimerie Royale.* 1727. *g. p. mar.*

259 La Galerie du Palais du Luxembourg peinte par Rubens. *Paris.* 1710. *in fol. g. p. m. r.* — 150ᵗ

260 La Galerie du Palais Farnefe peinte par Annibal Carache. *in fol. g. p.* — 24.

261 Argumento della Galeria Farnefe di pinta da Annibale Caracci. *in Roma.* 1657. *in fol. fig. g. p. m. r.* — 20.

262 Cabinet de Leopold; par David Teniers. *Bruxelles.* 1660. *in fol. fig.* — 36.

Arts différens.

263 L'exercice du Roi en l'Art de monter à Cheval, par Antoine de Pluvinel. *Amft.* 1668. *in fol. fig.* — 20.

264 Ecole de Cavalerie, par M. de la Gueriniere. *Paris.* 1733. *in fol. g. p. fig.* — 36.

265 Traité des Chaffes, par Gafton Phœbus, Comte de Foix & Vicomte de Bearne. Mf. de l'an 1381. fur velin, avec Miniatures. *in fol. mar. bl.* — 360.

266 La Venerie Royale de Salnove. *Paris.* 1665. *in 4.* — 9.

267 La Fauconnerie de Charles d'Arcuffia. *Paris.*
1621. *in 4.*

BELLES LETTRES.

GRAMMAIRIENS.

Grammairiens Grecs.

268 Laur. Elingii Historia Græcæ Linguæ. *Lipsiæ.*
1691. *in 8.*

Grammairiens Latins.

269 Steph. Doleti Commentaria Linguæ Latinæ
Lugd. Seb. Gryphius. 1536. 2. vol. in fol.

270 Dictionarium Latino Gallicum Petri Danetii.
Lugduni. 1712. in 4.

271 Glossarium ad Scriptores Mediæ & Infimæ
Latinitatis ; aut. Car. du Cange. Editio locuple-
tior curâ Monachor. S. Bened. *Parisiis.* 1733.
6. *vol. in fol.*

Grammairiens François &c.

272 Traité de la conformité du langage Fran-
çois avec le Grec, par Henri Estienne. *Paris.*
1569. *in 8.*

273 Traité de la Grammaire Françoise, par M.

l'Abbé Regnier Defmarais. *Paris.* 1705. *in* 4.
g. p. m. r.

274 Dictionnaire François Grec de Leon Trip-
pault. *Orleans.* 1579. *in* 12.

275 {
Apologie pour la Langue Françoife. *Paris.*
1580.
L'Olive & autres Opufcules Poëtiques. *Pa-*
ris. 1550. *in* 8.

276 Remarques de Vaugelas fur la Langue Fran-
çoife, avec les Notes de Patru & Corneille.
Paris. 1738. 3. *vol. in* 12.

277 Dictionnaire François & Latin de Danet.
Paris. 1687. *in* 4.

278 Dictionnaire Étymologique, ou Origine de
la Langue Françoife, par Ménage, avec les
Origines Françoifes de Cafeneuve. *Paris Impr.*
Roy. 1694. *in fol.*

279 Effai d'un nouveau Dictionnaire Univerfel,
par Antoine Furetiere. *Amft.* 1687. *in* 12.

280 Nouveau Recueil des Factums du Procès
d'entre M. l'Abbé Furetiere de l'Académie Fran-
çoife, & quelques-uns des autres Membres de
la même Académie. *Amft.* 1694. 2. *vol. in* 12.

281 Dictionnaire de la Langue Françoife ancien-
ne & moderne, par Pierre Richelet. *Lyon.* 1728.
3. *vol. in fol.*

282 Dictionnaire des Proverbes François. *Bruxel-*
les. 1710. *in* 12.

283 Nouvelle Méthode pour apprendre les Lan-
gues Françoife & Angloife, par Rogiffard.
Amft. 1724. *in* 8.

284 Grammaire Angloife, par Miege. *Lond.* 1688.
in 8. en Anglois.

285 Grammaire Angloife expliquée par régles
Generales, par Claude Mauger. *Rouen.* 1728.
in 8.

286 Dictionnaire Etymologique de la Langue Angloife de Bailey. *Lond.* 1731. 2. *vol. in* 8. en Anglois.

287 Le grand Dictionnaire Anglois François, & François Anglois de Miege. *Lond.* 1688. 2. *vol. in fol.*

288 Le Maître Italien de Veneroni. *Paris.* 1681. *in* 12.

289 La Fabrica del Mondo di Francefco Alunno di Ferrara. *in Venetia.* 1581. *in fol.*

RHETEURS & ORATEURS.

290 Rhetores felecti. *Oxonii.* 1676. *in* 8.

291 M. T. Ciceronis opera omnia ; Edente Ifaaco Verburgio. *Amftelodami.* 1724. 4. *vol. in* 4.

292 Ejufdem de Officiis Libri III. *Lugd. Bat. El-zevir.* 1642. *in* 12. *m. r.*

293 Entretiens de Ciceron fur la Nature des Dieux. trad. par M. l'Abbé d'Olivet. *Paris.* 1732. 2. *vol. in* 12.

294 M. Fabius Quintilianus de Inftitutione Oratoria, ex editione P. Burmanni. *Lugd. Bat.* 1720. 2. *vol. in* 4.

295 Ejufdem Declamationes, ex editione P. Burmanni. *Lugd. Bat.* 1720. *in* 4.

POETES.

Introduction à la Poëfie.

296 Poëtica d'Ariftotele Vulgarizzata per Lodovico Caftelvetro. *in Bafilea.* 1576. *in* 4.

297 De Poëmatum Cantu & Viribus Rythmi. ___ 3 ..
Oxonii. 1673. *in* 8.

Poëtes Grecs.

298 Le Théatre des Grecs, par le P. Brumoy.
Paris. 1730. 3. *vol. in* 4. *g. p.*   36 ..
299 Tragediæ selectæ Æschilis, Sophoclis & Eu-
ripidis, Gr. & Lat. *Parisiis.* 1567. *Henr. Ste-
phanus.* 6. *vol. in* 18.   12 ..
300 Menandri & Philemonis Reliquiæ, cum notis
H. Grotii & J. Clerici Gr. & L. *Amst.* 1712. *in* 8.   6 ..
301. Aristophanis Comediæ Gr. & Lat. *Lugd. Bat.*
1624. *in* 8.   3 ..
302 Le Plutus ou les Nuées d'Aristophane tradui-
tes du Grec, par Mademoiselle le Fevre. *Paris.*   2 ..
1684. *in* 12.
303 Les Poësies d'Anacreon & de Sapho traduites
du Grec, avec des Remarques, par la même.
Paris. 1681. *in* 12.   2 . 4
304 Les Poësies d'Anacreon & de Sapho traduites
avec des Remarques, par Madame Dacier. *Amst.*   2 . 10
1716. *in* 12.
305 Le Temple de Gnide. *Paris.* 1725. *in* 12.   1 ..

Poëtes Latins.

306 M. Accii Plauti Comediæ cùm notis variorum.
Lugd. Bat. 1644. *in* 8.   3 .
307 P. Terentii Comediæ. *Lugd. Bat. Elzevier.*   15 .
1635. *in* 12. *mar.*
308 P. Terentii Comediæ cum notis variorum.
Lugd. Bat. 1644. *in* 8.   4 ..
309 P. Terentii, Comediæ ex editione Richardi   6 ..
Bentlei. *Amst.* 1727. *in* 4.
310 Lucretii Cari de Rerum natura Libri VI. *Lon-* 20 ..

31. 10

dini Tonſon. 1712. *in fol. g. p. fig. m. r.*

311 P. Virgilii Opera. *Lugd. Bat. Elzevir.* 1636. *in* 12.

312 P. Virgilii Maronis opera per J. Ogilvium Edita & ſculpturis Æneis adornata. *Lond.* 1663. *in fol. g. p. m. r.*

313 L'opere di Virgilio Commentate in Liñgua Toſcana da Giovanni Fabrini. *in Venetia.* 1588. *in fol.*

314 Les Oeuvres de Virgile trad. en Vers Anglois, par J. Ogilby. *Londres* 1666. *in* 12,

315 Q. Horatii Flacci carmina ex editione Sanadonis. *Pariſiis.* 1728. *in* 12.

316 Q. Horatius Flaccus ex recentione & cum notis Richardi Bentleii. *Amſt.* 1728. *in* 4.

317 Q. Horatii Flacci opera. Tabulis Æneis inciſa ſtudio Joan. Pinc. *Londini.* 1733 *in* 8. *en bl. avec la Souſcription pour le tom.* 2.

318 Les Oeuvres d'Horace en Latin & François, trad. avec des Remarques Critiques & Hiſtoriques, par M. Dacier. *Paris.* 1709. 10. *vol. in* 12.

319 Les Poëſies d'Horace diſpoſées ſelon l'ordre Chronologique, & traduites en François avec des Remarques, par le P. Sanadon. *Paris.* 1728. 2. *vol. in* 4. *g. p.*

320 L'Opere d'Oratio Poëta Lirico commentate da Gio. Fabrini *in Venetia.* 1669. *in* 4.

321 P. Ovidii Naſonis opera omnia Edente Petro Burmanno. *Amſt.* 1724. 4. *vol. in* 4.

322 Le grand Olympe des Hiſtoires Poëtiques d'Ovide. *Paris.* 1537. 3. *vol. in* 8. *Got. m. c.*

323 Les Epîtres d'Ovide de la traduction d'Octavien de ſaint Gelais. *Paris.* 1525. *in* 4. *Got.*

324 Les Epîtres d'Ovide traduites en Vers François, par le même. *Paris.* 1538. *in* 8. *m. r.*

325

325 Les Métamorphoses d'Ovide en Latin & en François, de la traduction de Pierre Du-Ryer. *Amst.* 1702. *in fol. g. p. mar. r.* · · 24

326 Les Métamorphoses d'Ovide traduites en François, par le même. *Amst.* 1718. 3. *vol. in* 12. *fig.* 6 · ·

327 Les Métamorphoses d'Ovide en Latin traduites en François, par l'Abbé Banier, avec les Fig. de Picard. *Amst.* 1732. 2. *tom.* en 1. *vol. in fol. g. p. mar. bl.* 120 · ·

328 Le Metamorfosi di Ovidio ridotte da Gio Andrea Dell'Anguillara. *in Venetia.* 1572. 3. *vol. in* 16. *mar. bl.* 20 · ·

329 Le Metamorfosi di Ovidio ridotte da Gio Andrea dell' Anguillara. *in Venetia Giunti.* 1584. *in* 4. 15 · ·

330 { L'Art d'aimer d'Ovide & Remede d'Amour, traduit de Latin en Vers Anglois, par M. Dryden & Congreve. *Londres.* 1712. *fig.*
L'Art d'aimer d'Ovide, le Remde d'Amour; les Amours de Héro & de Léandre trad. en Vers Anglois. *Lond.* 1682. *in* 12. 3 · ·

331 Ovide en belle humeur travestie en vers burlesques de M. Dassoucy. *Paris.* 1664. *in* 12. 4 · ·

332 M. Annæus Lucanus de Bello Civili, cum variorum notis curante Schrelio. *Amst.* 1658. *in* 8. 3 · ·

333 Les Oeuvres de Lucain de la traduction de l'Abbé de Marolles. *Paris.* 1654. *in* 8. 2 · ·

334 Lucani Pharsalia versibus Englicis translata per Nic. Rovve. *Lond.* 1722. *in* 8. 4 · ·

335 L. Annæi Senecæ Tragediæ ex recensione Gronovii, cum notis variorum. *Amst.* 1662. *in* 8. 3 · ·

336 L. Annæi Senecæ & P. Syri Mimi sententiæ 6 · ·

E

cum notis Gruteri & Joseph. Scaligeri. *Lugd. Bat.* 1708. *in* 8.

337 M. Val. Martialis Epigrammata, cum notis Farnabii. *Amst.* 1644. *in* 16. *m. bl.*

338 Cl. Claudiani quæ exstant, cum notis Nicolai Heinsii & aliorum. *Amst.* 1665. *in* 8.

339. Aurelii Prudentii opera. *Lugd.* 1553. *in* 18.

340 ⎨ Varia Doctorum piorumque virorum, de Corrupto Ecclesiæ statu. poëmata. cum Præfatione Mathiæ Flacii Illirici. *Basileæ.* 1557. *in* 8.
Carmina Vetusta ante trecentos annos scripta quæ deplorant inscitiam Evangelii, & taxant abusus ceremoniarum, ac quæ ostendunt doctrinam hujus temporis non esse novam. *Vitebergæ.* 1548. *in* 8.

341 Georgii Buchanani Poëmata. *Amst.* 1687. *in* 24.

342 Marcelli Palingenii Zodiacus Vitæ. *Roterdami.* 1722. *in* 8.

343 Le Zodiaque de la vie humaine traduit du Latin de Palingenius, par de la Monnerie. *La Haye.* 1731. *in* 12.

344 M. A. Mureti Juvenilia. *Parisiis.* 1553. *in* 8.

345 Joan. Comirii Soc. Jes. Carminum Libri III. *Parisiis.* 1678. *in* 4. *g. p.*

346 Santolii Victorini opera Poetica. *Paris.* 1694. *in* 12. *m. r.*

347 Cl. Quilleti Callipœdia seu de Pulchræ Prolis Habendæ ratione Poëma. *Paris.* 1656. *in* 8.

348 Idem. *Lond.* 1708. *in* 8.

349 Jac. Vanierii Prædium Rusticum. *Tolosæ.* 1730. *in* 8.

350 Merlini Cocaii Macaronicorum Opus. *Venetiis.* 1561. *in* 12.

351 Antonius de Arena. *Paris. 1575. in 16. m. r.*

Poëtes François.

352 Dictionnaire des Rimes, par Richelet. *Paris. 1731. in 8.*

353 La Versification Françoise, par le même. *Paris. 1672. in 12.*

354 Histoire & Régles de la Poësie Françoise. *Amst. 1717. in 12.*

355 Le Roman de la Rose, par Guil. de Loris & J. Clopinel. *in fol. m. r. Goth. imprimé sur velin, avec des miniatures.*

356 Le même. *Paris. 1735. 3. vol. in 12.*

357 Le Champion des Dames. *in fol. Goth. avec des fig. m. b.*

358 Le même. *Paris. Galiot Dupré. 1530. in 8. Lettres rondes.*

359 Les Oeuvres de François Villon. *Paris.* 1723. Les Oeuvres de Jean Marot. *Paris.* 1723. *in 12.*

360 Poësies de Martial de Paris, dit d'Auvergne. *Paris.* 1724. Les Poësies de Guillaume Coquillard. *Paris.* 1723. *in 12.*

361 La Légende de Maître Pierre de Faifeu mise en Vers, par Charles Bourdigné. *Paris.* 1723. Les Poësies de Guillaume Cretin. *Paris.* 1723. *in 12.*

362 Les Oeuvres de Jean Marot. *Paris.* 1723. *in 12.*

363 Les Faits de Jean Molinet. *Par.* 1537. *in* 8. *goths.*

364 Les Oeuvres de Clement Marot. *Niort.* 1596. *in* 16.

365 Les Oeuvres de Clement, Jean & Michel Marot. *La Haye.* 1731. 4. *vol. in* 4. *g. p.*

366 Le séjour d'Honneur, par Octavien de saint Gelais. *Paris. goth. in* 4. *m. bl.*

367 Le Vergier d'honneur par le même, & André de la Vigne. *Paris. in* 4. *goth.*

368 La Chasse & départ d'Amours, par le même, & Blaise d'Auriol. *Paris.* 1533. *in* 4. *goth.*

369 Oeuvres Poëtiques de Melin de saint Gelais. *Lyon.* 1574. *in* 8. *m. c.*

370 Les mêmes. *Paris.* 1719. *in* 12.

371 Les Jeux & les Passetems de Jean Antoine Baïf. *Paris.* 1573. *in* 8.

372 Erotopegnie ou Passetems d'amour, & la Comédie du Muet insensé, par Pierre le Loyer. *Paris.* 1576. *in* 8.

373 Les Oeuvres d'Amadis Jamyn. *Paris. Patisson.* 1582. *in* 16. *m. bl.*

374 Les premieres Oeuvres de Philippe des Portes. *Paris Patisson.* 1587. *in* 12.

375 Les Oeuvres de Regnier, contenant ses Satyres & autres Poësies. *Amst.* 1710. *in* 12.

376 Les mêmes, avec des Remarques. *Londres.* 1730. *in* 8.

377 Les changemens de la Bergere Iris, par de Lingendes. *Paris.* 1615. *in* 12.

378 Les Satyres du sieur de Courval *Paris.* 1621. *in* 8.

379 Les Poësies de Gombauld. *Paris.* 1646. *in* 4.

380 Les Vers Heroïques du sieur Tristan Lhermite. *Paris.* 1648. *in* 4.

381 Les Oeuvres de Honorat de Beuil, sieur de Racan. *Paris.* 1724. 2. *tom.* 1. *vol. in* 12.

382 Clovis ou la France Chrétienne, par J. Def-
marest. *Paris.* 1657. *in* 4.

383 L'Algouafil burlefque, imité des vifions de
Quevedo, avec le Jardin burlefque, par Bour-
neuf. *Paris.* 1658. *in* 8.

384 { La Pucelle ou la France délivrée, par Cha-
pelain. *Paris.* 1656. *in fol. fig.*
{ La deuxiéme Partie Mf. *in fol. mar. r.*

385 Les Oeuvres diverfes de M. de Ségrais. *Amft.*
1723. 2. *vol. in* 12.

386 Fables choifies mifes en Vers, par J. de la
Fontaine, avec la vie d'Efope. *Paris.* 1729. 3.
vol. in 8. *fig.*

387 Contes & Nouvelles en Vers, par le même,
avec fig. *Amft.* 1685. *in* 8. *m. bl.*

388 Les Oeuvres de Nicolas Boileau Defpreaux,
avec des éclairciffemens Hiftoriques donnez par
lui-même, & enrichis des figures de Bernard Pi-
card. *La Haye.* 1729. 2. *vol. in fol. mar. r.*

389 Les mêmes. *Paris.* 1735. 2. *vol. in* 12. *v. f.*

390 Les Poëfies diverfes du fieur D***. 1718.
in 12.

391 Oeuvres diverfes de Vergier. *Amft.* 1731. 2.
vol. in 12.

392 Noei Borguignon, par M. de la Monnoye.
Dijon. 1720. *in* 8.

393 Poëfies de M. l'Abbé de Chaulieu, & de M.
le Marquis de la Fare. *Amft.* 1724. *in* 8.

394 Fables nouvelles de M. de la Motte. *Paris.*
1719. *in* 4. *g. p.*

395 Oeuvres diverfes de M. Rouffeau. *Amft.* 1728.
4. *vol. in* 12.

396 La Henriade de Voltaire. *Londres.* 1728.
in 4. *fig. mar. bl.*

396 * La même. *Londres.* 1730. 8.

397 Memoires pour fervir à l'Hiftoire de la Ca-

lotte. *Basle.* 1725. *in* 8. *mar. c.*

398 Le Conseil de Momus & la Revüe de son Régiment, Poëme Calotin. *in* 8.

399 Le séjour des Muses ou la Cresme des bons Vers. *Rouen.* 1630. *in* 8.

400 Nouveau choix de Piéces de Poësies. *La Haye. Van-Bulderen.* 1715. 2. *vol. in* 12.

Théatres &c.

401 La vengeance & destruction de Hierusalem, par Personnages. 1559. *in* 4. *m. bl.*

402 Le Théatre de Pierre Corneille. *Rouen.* 1663. 2. *vol. in fol.*

403 Le Théatre de Pierre & Thomas Corneille. *Paris. de Luyne & Trabouillet.* 1682. 9. *vol. in* 12.

404 Le même. *Paris.* 1738. 11. *vol. in* 12. *v. f.*

405 Les Oeuvres de Moliere. *Paris.* 1730. 8. *vol. in* 12. *avec fig.*

406 Les mêmes. *Paris.* 1734. 6. *vol. in* 4. *g. p. mar. b.*

407 Théatre de M. de la Thuillerie. *Paris.* 1696. *in* 12.

408 Oeuvres de Riviere du Fresny. *Paris.* 1731. 6. *vol. in* 12.

409 Histoire du Théatre Italien, par Louis Riccoboni. *Paris.* 1731. 2. *vol. in* 8.

410 Le Théatre Italien de Gherardi. *Paris. Cusson.* 1700. 6. *vol. in* 12.

411 Six Recueils des Divertissemens du Théatre Italien de Mouret. 2. *vol. in* 4. *obl. avec la Musiq.*

412 Recueil general des Operas représentez par l'Académie Royale de Musique. *Paris.* 1703. 13. *vol. in* 12. *m. r.*

413 Le Théatre de la Foire ou Opera Comique,

par M. le Sage & d'Orneval. *Paris. Ganeau* 1721.
8. *vol. in* 12.
414 Recueil des Chanſons choiſies de Coulange.
Paris. 1710. 2. *vol. in* 12.   6[+]

Poëtes Italiens , &c.

415 Dante con l'eſpoſitioni di Chriſtoforo Landino
   & d'Aleſſandro Vellutello, riveduto per Fran-
   ceſco Sanſovino , *in Venezia.* 1578. *in fol.*   36.
416 Comento di Giovanni Boccacci ſopra la Co-
   media di Dante Alighieri , con annotazioni di
   Antonio Maria Salvini. *Firenze.* 1732. 2. *vol. in* 8.   5.
417 Il Petrarcha , *in Venezia.* 1539. *in* 8.   6.
418 Il medeſimo con l'eſpoſitione di M. Ben. Da-
   nielo da Lucca, *in Venezia.* 1541. *in* 4.   6.
419 Il medeſimo. *Lione Rouille* 1551. *in* 18.   1.
420 Il medeſimo con l'eſpoſitione di Mar. G. An-
   drea Geſualdo , *in Venezia.* 1574. *in* 4.   9.
421 Il medeſimo con figure, *in Venezia.* 1609. *in* 32.   2.
422 L'Arcadia di Giacomo Sannazaro , *in Venezia.*
   1545. *in* 8.   3.
423 Arcadia di Sannazaro , *in Venezia.* 1602. *in* 32.   1.
424 Orlando innamorato del Sig. Matteo Maria
   Bojardo, *in Venezia.* 1627. *in* 8.   2.
425 Orlando innamorato di Matteo Bojardo reviſto
   da Berni, *in Fiorenza.* 1725. *in* 4. *gr. p.*   18.
426 Orlando furioſo di Arioſto , da Girolamo Por-
   ro , *in Venezia.* 1584. *in* 4. *fig. mar. r.*   100.
427 Diſcorſo ſopra l'Orlando furioſo , per la Sig.
   Laura Terracina , *in Venezia.* 1560. *in* 8.   15.
428 Orlando furioſo di Arioſto. en Anglois, *in fol. fig.*   20.
429 Rime della Signora Laura Terracina , *in Vene-*
   zia. 1566. *in* 16.   6.
430 La Geruſalemme liberata di Torquato Taſſo, *in*
   Genova. 1604. *in* 12.   2.

431 La medesima, con le annotationi di Scipion Gentili, *in Genova.* 1617. *in fol.*

432 Il Rinaldo del Sig. Torquato Tasso, *in Ferrara.* 1589. *in 12.*

433 Le sette Giornate del Mondo Creato del Sig. Torquato Tasso, *in Viterbo.* 1607. *in 8.*

434 L'Amadigi del Sig. Bernardo Tasso, *in Venezia.* 1583. *in 4.*

435 Opere burlesche di Francesco Berni. &c. *Utrecht.* 3. *vol in 12. v. f.*

436 Il Pastor fido di Battista Guarini, *in Venezia* Grotti 1602. *in 4.*

437 Il Pastor fido di Guarini, *in Ferrara.* 1690.

438 Il medesimo. *Amsterdam, in 24.*

439 L'Adone Poema del Cav. Marino, con argomenti del Sanvitale. *Venezia.* 1626. *in 4.*

440 Il medesimo, *in Amsterdam.* 1651. 2. *vol. in 16.*

441 La Philis de Scire traduite en Vers François. *Paris.* 1649. *in 12.*

442 La Secchia rapita ou le seau enlevé. *Paris.* 1678. 2. *vol. in 12.*

443 Sonetti di Mattheo Franco, & di Luigi Pulci. jocosi & da Ridere, *in 8.*

444 Delle Poesie nuove del Sig. Gabriello Chiabrera, raccolte da Girolamo Gentile, *in Venezia.* 1608. *in 16.*

445 La Bella mano di Messer Giusti de Conti, Raccolto d'antiche Rime di diversi Toscani, *in 12.*

446 L'Italia liberata da Goti di Giangiorgio Trissino. *Parigi.* 1729. 3. *vol. in 8. gr. p.*

447 Rime di diversi Poeti nella lingua Toscana, *in Venezia.* 1547. *in 8.*

448 Rime piacevoli del Berni, Casa, Mauro, Varchi,

chi, Dolce, & d'altri Autori, *in Venezia.* 1603.
2. *vol. in* 12. *mar. r.*

449 Comedie di Joh. Boccatio da Certaldo. *in Ve-*
nezia. 1503. *in fol.*   15.

450 Gli Soppofiti Comedia di Lodovico Ariofto,
in Venezia. 1587. *in* 12.   2.

451 La Cinganna, Comedia di Antonio Giancarli.
in Venezia. 1550. *in* 8.   2.

452 La Emilia, Comedia di Grotto. Cieco di Ha-
dria, *in Venezia.* 1600. *in* 12.   2.

453 Aleffandro, Comedia del Sig. Picolomini, *in*
Venezia. 1596. *in* 12.   2.

454 Il Solimano, Tragedia di Bonarelli con le fig.
di Callot, *in Firenze.* 1620. *in* 4.   4.

455 Le Trojane, Tragedia di Dolce, *in Venezia.*
1566. *in* 12.   2.

456 La Hadriana, Tragedia di Grotto Cieco d'Ha-
dria, *in Venezia.* 1583. *in* 12.   1.

457 Canace, Tragedia del Sig. Spero Speroni,
in Venezia. 1597. *in* 4.   2.

458 Le Paradis perdu de Milton. *Londres.* 1730.
in 12. en Anglois.   3.

459 Recueil de Poëfies de M. Alexander Pope.
Londres. 1717. *in fol.*   12.

460 Agamennon, Tragedie de M. Thomfon. *Lond.*
1738. *in* 8. en Anglois.   3.

Mythologie.

461 Tableaux du Temple des Mufes, par l'Abbé
de Maroles. *Paris.* 1655. *in fol. fig.*   12.

462 Le même avec les fig. de B. Picart le Romain. *Amst.* 1733. *in fol. gr. p.*

463 Les Amours de Psiché & de Cupidon, par de la Fontaine. *Paris.* 1669. *in* 8.

464 Les Fables d'Esope de la Traduction de Baudoin. *Rouen.* 1660. *in* 8.

465 Les mêmes avec les figures de Sadeler. *Paris.* 1689. *in* 4.

466 Esope en belle humeur ou derniere traduction de ses Fables. *Bruxelles.* 1700. 2. *vol. in* 12.

467 Les Fables d'Esope & de plusieurs autres excellens Mythologistes, accompagnées du sens Moral & des Réflexions de M. L'Estrange. *Amst.* 1714. *in* 4. *fig.*

468 Les Fables d'Esope traduites en Anglois avec des Réflections morales & un discours sur la Mythologie, par Roger l'Estrange. *Lond.* 1699. 2. *Tom. en* 1. *vol. in fol.* en Anglois.

469 Gab. Faerni, centum Fabulæ ex antiquis Scriptoribus selectæ. *Bruxellis.* 1682. *in* 12.

470 Contes & Fables Indiennes de Pilpay & de Locman, traduite par Galland. *Paris.* 1724. 2. *vol. in* 12.

Romans.

471 De l'usage des Romans, où l'on fait voir leur utilité & leurs differens caractères, avec une Bibliotheque des Romans, par M. Lenglet du Fresnoy. *Amst.* 1734. 2. *vol. in* 12.

Romans Grecs.

472 Les amours de Theagene & Chariclée. *Paris.* 1623. *in* 8. *mar. r.*

473 Les amours Paſtorales de Daphnis & de Chloe, trad. du Grec de Longus, par Jacques Amiot revûë & corrigée avec les figures de Benoit Audran, (gravées ſur les peintures de Monſeigneur Philippe Duc d'Orleans) *Paris.* 1718. *in 8. fig. mar. r.*

Romans François.

Romans François anciens.

474 Les cent Hiſtoires de Troyes de Chretienne de Piſe. *Lyon.* 1519. *in 4. Gotiq.*

475 La vita di Merlino con le ſue Profetie, *in Venezia.* 1554. *in 8.*

476 Les Propheties de Merlin. *Londres.* 1651. en Anglois, *in 8.*

477 Le Livre du nouveau Triſtan, Prince de Leonnois, Chevalier de la Table ronde, & d'Iſeult Princeſſe d'Irlande. *Lyon.* 1577. 3. *vol. in* 16.

478 Hiſtoire très-recréative, traitant des faits & geſte du vaillant Chevalier Theſeus de Coulogne & auſſi de ſon Fils Gadifer. *Paris. Jean Bonfons, in 4. Goth. mar. bl.*

479 Chronique de Cleriadus fils du Comte d'Eſture & de Meliadice fille du Roi d'Angleterre. *Lyon.* 1528. *in 4. Goth.*

480 Ogier le Danois. *Paris. in 4. Goth.*

481 L'Hiſtoire de Valentin & Orſon. *Troyes.* 1623. *in 4.*

482 Hiſtoire de Huon de Bordeaux, contenant ſes faits & actes heroiques, autant beaux & recreatifs que de long-tems ait été lû. *Troyes.* 1705. *in 4.*

482 * Histoire de Melusine Mf. sur velin avec miniatures, *in fol.*

483 Histoire du Chevalier du Soleil, par François de Rosset. *Paris.* 1648. 8. *vol. in* 8.

Romans François modernes.

Romans d'Amour.

484 L'Ariane ou les Avantures de Melinte & de Paliamede, par Desmaretz. *Paris.* 1724. 3. *vol. in* 12.

485 L'Astrée d'Honoré d'Urfé. *Paris.* 1647. 5. *vol. in* 8.

486 Cassandre. 1644. 10. *vol. in* 8.

487 Clelie Histoire Romaine, par Mademoiselle de Scudery. *Paris.* 1654. 12. *vol. in* 8.

488 Cleopatre, par la Calprenede. *Par.* 1654. 12. *vol. in* 8.

489 Le grand Cyrus, par Mademoiselle de Scudery. *Paris.* 1654. 10. *vol. in* 8.

490 Ibrahim ou l'Illustre Bassa. *Paris.* 1723. 4. *vol. in* 12.

491 Pharamond Histoire de France, par la Calprenede. *Paris.* 1661. 12. *vol. in* 8.

492 Sapor Roi de Perse. *Paris.* 1730. 3. *vol. in* 12.

493 Les Amours de Catulle & de Tibulle, par M. de la Chapelle. *Paris.* 1725. 5. *vol. in* 12.

494 Amusemens des Eaux d'Aix la Chapelle. *Amst.* 1736. 3. *vol. in* 12.

495 Les amours des Dieux & des Déesses, par de la Serre. *Paris.* 1634. 2. *vol. in* 8. *fig.*

496 Diane de Castro. *Paris.* 1728. *in* 12.

497 Les Avantures ou Memoires de la vie d'Henriette - Sylvie de Moliere. *Amst.* 1733. 2. *vol. in* 12.

498 Le Chevalier des Essars, & la Comtesse de Berci. *Paris.* 1735. 2. *tom. en* 1. *vol. in* 12.

499 Memoires du Comte de Comminge. *La Haye.* 1735. *in* 12.

500 Zayde Histoire Espagnole, par Segrais, avec l'origine des Romans, par Huet. *Paris.* 1719. 2. *vol. in* 12.

Romans Historiques.

501 Histoire de Gerard Comte de Nevers, & de Euriane Princesse de Savoye sa mye. *Paris.* 1729. *in* 8.

502 Histoire secrette de Bourgogne. *Paris.* 1710. 2. *tom.* 1. *vol. in* 12.

503 La Princesse de Cleves. *Paris.* 1705. *in* 12.

504 Histoire de Marguerite de Valois Reine de Navarre. *Paris.* 1720. 3. *vol. in* 12.

505 La Princesse de Montpensier. *Paris.* 1675. *in* 12.

406 Le Comte de Warvvick, par Madame d'Aulnoy. *Paris.* 1703. 2. *vol. in* 12.

507 Relation du Voyage d'Espagne, par la même. *Paris.* 1689. 3. *vol. in* 12.

508 Histoires des Favorites, par Mademoiselle de la Roche-Guilhen. *Amst.* 1703. *in* 12.

509 Memoires de la vie du Comte de Grammont, contenant l'Histoire amoureuse de la Cour d'Angleterre. *Cologne.* 1714. *in* 12.

510 L'Atlantis de Madame de Manley, contenant les Intrigues Politiques & Amoureuses de la Noblesse d'Angleterre. *Rouen.* 1714. 2. *vol. in* 12.

511 Marie Stuart Reine d'Ecoſſe nouvelle Hiſtorique. *Paris.* 1675. *in* 12.

2. 512 Hiſtoire des Pirates Anglois trad. de Charles Johnſon. *Paris.* 1726. *in* 12.

Romans Comiques, Satyriques & Burleſques.

1. 513 Semelion Hiſtoire veritable. 1722. *in* 12.

514 Tanzai & Neadarné Hiſtoire Japonoiſe. *Pakin.* 1734. 2. *vol. in* 12,

Romans Politiques.

515 Les avantures de Telemaque Fils d'Ulyſſe, par M. de Fenelon. *Paris.* 1723. 2, *vol. in* 12.

516 Les Voyages de Cyrus, avec un Diſcours ſur la Mythologie, par M. Ramſay. *Paris.* 1728. 2. *vol. in* 12.

Avantures, Hiſtoriettes, Hiſtoires ſecrettes.

6. 517 Hiſtoire de Gilblas de Santillane, par le Sage. *Paris.* 1715. 3. *vol. in* 12.

518 La vie de Pedrille del Campo. *Paris.* 1718. *in* 12.

3. 519 L'Infortuné Napolitain ou les avantures du Seigneur Rozelli. *Amſt.* 1719. 2. *vol. in* 12.

520 Les avantures de Dom Antonio de Buffalis. *Paris.* 1724. *in* 12.

521 Le Bachelier de Salamanque, par M. le Sage. *Paris.* 1736. 2. *vol. in* 12.

522 Le Doyen de Killerine, par M. l'Abbé Prevoſt. 2. *vol. in* 12.

523 Hiſtoire des Amans volages de ce tems, par F. de Roſſet. *Rouen.* 1633. *in* 8.

524 Faveurs & diſgraces de l'amour. *La Haye.* 1726. 3. *vol. in* 12. *fig.*

525 Les Illuſtres Françoiſes. *Paris.* 1723. 3. *vol. in* 12.

526 Les même. *La Haye.* 1731. 3. *tom. en* 2. *vol.*

527 La Muſe Mouſquetaire Oeuvre Poſthume de M. le Chevalier de ſaint Gilles. *Paris.* 1709. *in* 12.

528 Les intrigues du Sérail, Hiſtoire Turque, par M. Malebranche. *La Haye.* 1739. *in* 12.

529 Les Oeuvres de Madame de Ville-Dieu. *Paris.* 1721. 12. *vol. in* 12.

Romans Italiens.

530 Le Philocope de Jean Boccace Florentin. *Paris.* 1575. *in* 18. *mar. bl.*

531 Le Songe de Poliphile. *Paris.* 1561. *in fol.*

532 Dialogue intitulé le Peregrin trad. de l'Italien, par François Daſſy. *Paris.* 1540. *in* 8. *goth.*

533 Il. Calloandro di Amb. Marini. *in Venetia.* 1645. *in* 12.

534 La Semplicita ingannata di Archang. Tarabotti. *in Leida Sambix.* 1654. *in* 12.

535 L'Amore di Carlo Gonzaga Duca di Mantoa, è della Conteſſa Margarita della Rovere-dal Capocoda. *Raguſa.* 1666. *in* 12.

536 Les Déſeſperés, Hiſtoire Heroïque traduite de l'Italien d'Ambroiſe Marini. *Paris.* 1731. 2. *tom.* 1. *vol. in* 12.

12ᵗ. 537 Histoire de Dom Quichotte de la Manche, traduite de l'Espagnole de Michel de Cervantes. *Paris.* 1733. 6. vol. in 12.

538 L'Ingegnoso Cittadino Donchisciotte della Mancia composto da Michel di Cervantes Saavedra, Tradotto di Spagnuolo, in Italiano da Lorenzo Francissini. *in Roma.* 1677. 2. vol. in 8.

539 Novelas exemplares de Miguel de Cervantes Saavedra. *en Madrid.* 1613. in 4.

540 Les mêmes trad. en Franç. *Amst.* 1731. 2. vol. in 12.

541 Les Travaux de Persiles & de Sigismonde, trad. de Mich. de Cervantes, par d'Audiguier. *Paris.* 1628. in 8. mar. bl.

542 Les visions de Quevedo traduites en Anglois, par l'Estrange. *Lond.* 1696. in 8.

543 La Vie de Guzman d'Alfarache. *Paris.* 1733. 3. vol. in 12.

544 Le Diable Boiteux, par le Sage. *Paris.* 1726. 2. vol. in 12.

545 La Diana de Jorge de Monte Major. revista por Alonso de Ulloa. *en Milan.* 1618. in 24.

546 La vie & les avantures suprenantes de Robinson Crusoé. *Amst. (Rouen.)* 1720. 4. vol. in 12.

547 Les mêmes. *Amst.* 1721. 3. vol. in 12.

548 Voyages à Lilliput &c. par Gulliver. *Lond.* 1727. in 8. 2. vol. en Anglois.

Contes, Nouvelles.

12. 549 Les Cent Nouvelles Nouvelles, avec les figures de Romain Hooge. *Cologne.* 1701. 2. vol. in 8. mar. r.

12. 550 Contes & Nouvelles de Marguerite de Valois, avec fig. *Amst.* 1698. 2. vol. in 8. m. r.

551 Les Contes & Difcours d'Eutrapel, par de
la Heriffaye. *Rennes.* 1585. *in 8.*

552 Contes & nouvelles & joyeux devis de Bona-
venture des Periers. *Amft.* 1711. *in 12. mar.*
viol.

553 Les Contes ou les Nouvelles recréations de
Bonaventure des Periers, avec les Notes de
M. de la Monnoye. *Amft.* 1735. 3. *vol. in 12.*

554 Le printems d'hyver, contenant cinq Hi-
ftoires plaifantes & récreatives, par Jacques
Yver. *Rouen.* 1618. *in 12.*

555 Nouveaux Contes à rire, & avantures plai-
fantes, ou récreations Françoifes. *Cologne.*
1722. 2. *vol. in 12.*

556 Hiftoires Tragiques traduites de l'Italien de
Bandel, par Boaiftuau. *Paris.* 1597. 7. *tom.* 10.
vol. in 16.

557 Hiftoires prodigieufes, par le même. *Lyon.*
1598. 3. *vol. in 18.*

558 Hiftoires tragiques & galantes, avec figures.
Amft. 1723. 2. *vol. in 12.*

559 Les mille & un jours, Contes Perfans, par
Petit de la Croix. *Paris.* 1710. 5. *vol. in 12.*

560 Les mille & une nuit, Contes Arabes, par
Galland. *Paris.* 1726. 6. *vol. in 12.*

561 Les mille un quart-d'heure, Contes Tartares.
Paris. 1723. 3. *vol. in 12.*

562 Il Decamerohe di Giovanni Boccacio. 1527.
in 4. Lond.

563 Il Decamerone di M. G. Boccacio con voca-
bulario di M. Lucilio Minerbi. *in 8.*

564 Il Decamerone di Meffer Boccacio. *Amft.*
Elfevir. 1665. *in 12. mar. r.*

565 Decameron ou le Prince Galiot, tranflaté de

G

Latin en François, par Laurens du premier fait. *Paris Verard. in fol. goth.*

566 Le même trad. d'Italien en François, par Antoine le Maçon. *Paris.* 1662. *in* 8.

567 Contes & Nouvelles de Bocace, avec les figures de Romain Hooge. *Amst.* 1699. 2. *vol. in* 8. *mar. r.*

568 Cento Novelle Scelte da piu scrittori della Lingua volgare. *in Venetia.* 1603. *in* 4.

569 Cento novelle di Gio Bat. Giraldi Cinthio. *in Venegia.* 1574. *in* 4.

570 Hecatomithi overo cento novelle di Gio. Giraldi Cinthio. *in Venetia.* 1608. *in* 4.

571 Novelle Amorose di Girolamo Brusoni. *in Venetia.* 1655. *in* 12.

572 L'Hore di Recreatione de Lod. Guicciardini. *in Venetia.* 1654. *in* 12.

Faceties, Piéces burlesques.

573 Les Arrêts d'Amours, avec les Commentaires de Benoît le Court. *Rouen.* 1587. *in* 18. *mar. v.*

574 Othonis Melandri joco seriæ. *Ffurti.* 1605. 3. *vol. in* 12.

575 Pornodidascalus Gasparis Barthii Cygnæ. 1660. *in* 8. *mar. v.*

576 Hippolytus Redivivus id est remedium contemnendi sexum mulierem. 1644. *in* 12. *mar. r.*

577 Pinæi opus de integritatis & corruptionis Virginum notis, & Sebizii de Virginitatis notis, *Amst.* 1663. *in* 12.

578 Les Oeuvres de François Rabelais. *Lyon Estiard.* 1580. 2. *vol. in* 18.

579 Les mêmes, avec la vie de l'Auteur, la

Clef & Explication des mots difficiles. 1669. 2. vol. *in* 12.

580 Les mêmes, avec les Notes de le Duchat. *Amst.* 1711. 5. *vol. in* 12.

581 Les mêmes. *Paris.* 1732. 6. *vol. in* 12.

582 Formulaire récreatif de tous Contrats, Donations, Testamens, Codiciles & autres Actes &c. par Bredin le Cocu. *Lyon.* 1618. *in* 16. *m. bl.*

583 Les Bigarures & touches du Seigneur des Accords, avec les Apophtegmes du S. Gaulard & les Escraignes Dijonnoises. *Rouen.* 1648. *in* 8. *mar. r.*

584 Les mêmes. *Paris.* 1683. *in* 16. *mar. bl.*

585. Les Fantaisies de Bruscambille. *Paris.* 1615. *in* 8.

586 Récreations ingénieuses, divers faceties & fantaisies. *Londres.* 1654. *en Anglois. in* 12.

587 Livre de la Fontaine Périlleuse, avec la Chartre d'Amours. *Paris.* 1572. *in* 8.

588 La Définition Perfection , & Sophologe d'amour. 1542. *in* 8.

589 Alphabet de l'imperfection & malice des femmes, par Jacq. Olivier. *Paris.* 1619. *in* 12.

590 Recueil general des Quaquets de l'Accouchée. *Troyes. in* 8.

591 Le Labyrinthe de fortune & séjour des trois nobles Dames, composé par le Traverseur des voyes périlleuses. *Paris.* 1632. *in* 4. *goth.*

592 Les Triomphes de la noble & amoureuse Dame, & l'Art de honnêtement aimer, par le même. *Paris.* 1536. *in fol. goth.*

593 L'Histoire des Imaginations extravagantes de M. Oufle. *Paris.* 1710. 2. *vol. in* 12. *fig.*

594 Dialogo dove si ragiona della Bella Creanza delle Donne. *in Venezia.* 1574. *in* 12. *m. r.*

525 Capricci del Bottaio di Gio Bat. Gelli. *in Venetia*. 1605. *in* 12.

526 Hiftoria nova del Medico Grillo opera Piacevole & Ridiculofa. 1607. *in* 8.

597 La Metamorphofe du Vertueux, traduit de l'Italien de Laurens Selva, par J. Baudoin. *Paris*. 1611. *in* 8. *mar. v.*

598 La Doppia Impiccata. 1667. *in* 12.

599 Colloquio de Las Damas. 1548. *in* 12.

PHILOLOGUES

Critiques.

600 L'Art de la Critique trad. du François du P. Bouhours. *Lond.* 1705. *in* 8. *en Anglois*.

601 Alexandri ab Alexandro genialium dierum libri VI. cum integris Diverforum Commentariis. *Lugd. Bat.* 1673. 2. *vol. in* 8.

602 La maniere de bien penfer dans les Ouvrages d'efprit, par le P. Bouhours. *Paris.* 1687. *in* 4.

603 Le chef-d'œuvre d'un inconnu heureufement découvert & mis au jour, avec des Remarques fçavantes & recherchées, par Chryfoftome Mathanafius. *La Haye.* 1728. *in* 12.

604 La Guerre des Auteurs Anciens & Modernes, par Gueret. *Paris.* 1671. *in* 12.

605 Ragguagli di Parnaffo del Signor Trajano Boccalini. *Amft.* 1669. 2. *vol. in* 12.

606 La Secretaria di Appollo. *in* 24.

Satyres, Invectives &c.

607 Titi Petronii Arbitri Satyricon , cum notis variorum. *Amft.* 1669. *in* 8.　　6.

608 Les Satyres de Petrone Lat. & Franç. fuivant le Manufcrit trouvé à Belgrade. *Paris.* 1713. 2. *vol. in* 12.　　5.

609 L'Introduction ou Traité de la conformité des merveilles anciennes avec les modernes, ou Traité préparatif à l'Apologie pour Herodote. 1566. *in* 8. *mar. r.*　　15.

610 La même, avec les Remarquesde M. le Duchat. *La Haye.* 1733. 3. *vol. in* 8.　　15.

611 L'Alcoran des Cordeliers. *Amft.* 1734. 2. *vol. in* 12. *v. f.*　　12.

612 Le Moine fécularifé *à Maguelone.* 1677. *in* 12.　　5.

613 L'Auteur du Moine fécularifé fe retractant & faifant Amende Honorable. *Cologne.* 1676. *in* 12.　　3.

614 Satyre contre les Charlatans & Pfeudo Medecins Empyriques , par Thomas Sonnet. *Paris.* 1610. *in* 8.　　4.

615 Baccinata overo Battarella per le Api Barberine, *in Villa Franca.* 1666. *in* 12.　　1.

Apologies, défenfes, &c.

616 Hier. Cardani , Neronis Encomium. *Amft.* 1640. *in* 12.　　2.

617 Encomium Moriæ, feu Laus ftultitiæ auth. Defid. Erafmo. *in* 32.　　2.

618 L'Eloge de la folie traduite du Latin d'Erafme,　　3.

4470　4

par Gueudeville. *Leide.* 1713. *in* 12.

619 Le même. *Leide.* 1715. *in* 12.

620 La magnifique Doxologie du Fêtu, par *Sebastien Roulliard. Paris.* 1610. *in* 8.

621 Apologie pour les grands Hommes, qui ont été soupçonnez de Magie, par *G. Naudé. Paris.* 1625. *in* 8.

Dissertations critiques, plaisantes, &c.

622 La fameuse compagnie de la Lesine ou Alesne, c'est-à-dire la maniere d'épargner, acquerir & conserver. *Paris.* 1618. *in* 12.

623 Le grand Empire, de l'un & de l'autre monde devisé en Royaume des Aveugles, des Borgnes & des Clairs-voyans, par J. de la Pierre. *Paris.* 1626. *in* 8.

624 Harangues burlesques sur la vie & sur la mort de divers animaux, dedié à la Samaritaine du Pont-neuf, par M. Raisonnable. *Paris* 1651. *in* 8.

625 Histoire du Tems ou Relation du Royaume de Coqueterie. *Paris.* 1654. *in* 12.

626 Réflexions sur les grands Hommes qui sont morts en plaisantant. *Amst.* 1732. *in* 12.

627 Amusement Philosophique sur le langage des Bêtes, par le P. Bougean. *Paris.* 1739. *in* 12.

Apophtegmes, Adages, Proverbes, Sentences, &c.

628 Remarques ou Refléxions critiques, Morales & Historiques, sur les belles pensées qui se trou-

vent dans les Ouvrages des anciens & des mo-
dernes. *Amst.* 1692. *in* 12.

629 Pensées ingenieuses des Anciens & des Moder-
nes. *Paris.* 1698. *in* 12.

Emblemes & devises.

630 Le Imprese Illustre del Jeronimo Ruscelli , *in*
Venezia. 1584. *in* 4. ——————

Mélanges , Bons-mots , Livres en Ana.

631 Elites des bons mots , Pensées choisies , Histoi-
res singulieres , &c. *Amst.* 1731. 2. *vol. in* 12.

632 Valesiana ou Pensées critiques morales de M.
de Valois. *Paris.* 1694. *in* 12.

633 La vie & les bons mots de M. de Santeuil
avec plusieurs autres pieces. *Cologne.* 1738. 2. *vol.*
in 12.

POLYGRAPHES.

Polygraphes Grecs.

634 Lucien de la Traduction de Nicolas Perrot sieur
d'Ablancourt. *Paris.* 1683. 3. *vol. in* 12.

635 Les Images ou Tableaux de Platte peinture
de Philostrate , trad. par Vigenere , donnée
par Thomas Artus sieur d'Ambry. *Paris.* 1630.
in fol.

Polygraphes François.

636 La Salade laquelle fait mention de tous les Pays du monde & du Pays de la Belle Sibille. *Paris.* 1527. *in fol. goth.*

637 Les essais de Michel de Montaigne, avec des notes & des tables des matieres, par Pierre Côste. *Paris.* 1725. 3. *vol. in 4. gr p.*

638 Les Oeuvres de Voiture. *Paris.* 1684. *in 4. gr. p.*

639 Les mêmes. *Paris.* 1729. 2. *vol. in 12.*

640 Oeuvres de Cyrano de Bergerac. *Amst.* 1710. 2. *vol. in 12.*

641 Les Oeuvres de Scaron. *Amst.* 1597. 12. *vol. in 12,*

642 Les Oeuvres de Scaron. *Paris.* 1731. 12. *vol. in 12.*

643 Les Oeuvres du P. Rapin. *La Haye.* 1725. 3. *vol. in 12.*

644 Oeuvres de l'Abbé de S. Real. *La Haye.* 1722. 5. *vol. in 12.*

645 Recueil de pieces galantes en Vers & en Prose de Mademoiselle de la Suze & de Pellisson. *Trevoux.* 1725. 4. *vol. in 12.*

646 Oeuvres mêlées de Saint Evremond. *Londres.* 1705. 2. *vol. gr. p. mar. r.*

647 Les mêmes *Amst. Mortier.* 1706. 7. *vol. in 12. fig.*

648 Les mêmes. *Londres* 1725. 7. *vol. in 12.*

649 Oeuvres diverses de Pierre Bayle. *La Haye.* 1727. 4. *vol. in fol.*

650 Pensées diverses écrites à un Docteur de Sorbonne à l'occasion de la Comete de 1680. *Rotterdam.* 1721. 4. *vol. in 12.*

651 Oeuvres mêlées de Chevreau. *La Haye.* 1697. *in 12.*

652 Recueil de Litterature, de Philosophie, & d'Hi-
ftoire. *Amfterdam.* 1730. *in* 12.

Polygraphes Italiens, &c.

653 Opere di Nicol. Machiavelli. *Nell' Haya.*
1727. 4. *vol. in* 12.

654 Les Oeuvres de Machiavel. *Amft.* 1697. 6. *vol.*
in 12.

655 Richard Blackmore, Eſſais ſur differens ſujets.
Londres. 1716. 2. *vol. in* 8. en Anglois.

656 Agréable varieté ou mélange de Vers & de
Proſe. *Londres.* 1724. *in* 8. en Anglois.

657 Les Oeuvres de George Farquhar, conte-
nant ſes Poëſies, Lettres & Comedies. *Londres.*
1728. 2. *vol. in* 12. en Anglois.

658 Les Poëſies & Oeuvres diverſes de J. Ro-
cheſter. *Londres.* 1732. *in* 12. en Anglois.

659 Recueil de diſcours ſur diverſes matieres im-
portantes, par Jean Barbeyrac. *Amft.* 1731. 2.
vol. in 12.

660 Opuſcules Françoiſes des Hotmans. *Paris.*
1617. *in* 8.

Dialogues, Entretiens.

661 Deſiderii Eraſmi Colloquia. *Amfterd.* 1650. 4.
vol. in 24.

662 Les Colloques d'Eraſme, traduits en François,
par Gueudeville. *Leide.* 1720. 6. *vol. in* 12.

663 Cymbalum mundi ou Dialogues ſatyriques ſur
differens ſujets, par Bon. des Perriers. *Amfterdam.*
1711. *in* 12. mar. viol.

664 Hexameron ruſtique par la Mothe le Vayer.
Amft. 1698. *in* 12.

665 Hexameron, ou six journées, par Ant. de Tor-
quemade. *Paris.* 1583. *in* 8.

666 Cinq Dialogues faits à l'imitation des Anciens,
par Oratius Tubero. (La Mothe le Vayer.)
Mons. 1673. *in* 12.

667 Les mêmes augmentés *Francfort.* 1716. 2. *vol.*
in 12.

Epiſtolaires.

668 C. Plinii ſecundi Epiſtolæ : ejuſd. Panegyri-
cus Trajano dictus. cum Commentariis Joan. M.
Catanœi. *Genevæ.* 1625. *in* 4.

669 Ejuſdem Epiſtolæ & Panegyricus. *Oxonii.* 1677.
in 8.

670 Les Lettres de Pline le jeune trad. par M. de
Sacy. *Paris.* 1721. 3. *vol. in* 12.

671 Le Secretaire des amans ou la maniere d'é-
crire avec juſteſſe ſur différens ſujets. *Amſt.* 1695.
in 12.

672 Le nouveau Secretaire de la Cour ou Lettres
familieres ſur toutes ſortes de ſujets. *Paris.*
1732. *in* 12.

672 Le nouveau Secretaire du Cabinet, conte-
nant des Lettres ſur différens ſujets, avec la
maniere de les bien dreſſer. *Paris.* 1732.
in 12.

674 Lettres de François Rabelais, écrites pen-
dant ſon voyage d'Italie, avec les Obſervations
de Meſſieurs de Sainte-Marthe. *Bruxelles.* 1710.
in 8.

675 Epîtres Françoiſes des Perſonnages illuſtres
& doctes à M. Joſeph Juſte de la Scala. *Arſt.*
1624. *in* 8.

676 Lettres de Roger Rabutin, Comte de Buſſy.

Paris. 1720. 7. *vol. in* 12.

677 Lettres de Madame de Sévigné à la Comtesse de Grignan sa fille. 1726. *in* 12.

678 Lettres Hiftoriques & Galantes, par Madame Defnoyers. *Amft.* 1720. 6. *vol. in* 12.

679 Lettres férieufes & badines par M. Janiçon. *La Haye.* 1729. 7. *tom. en* 5. *vol. in* 12.

680 Lettres Galantes de M. de Fontenelles, traduites en Anglois par M. Ozell. *Londres.* 1715. *in* 12.

681 Lettres de la Marquife de M. au Comte de R... par M. Crebillon fils. *Paris.* 1732. *in* 12.

682 Lettres écrites de Londres fur les Anglois & autres fujets. *Bafle.* (*Londres.*) 1734. *in* 8.

683 Lettere familiari del Commendatore Annibal Caro. *in Venezia.* 1591. *in* 4.

684 Lettere di M. Pietro Aretino. *in Parigi.* 1609. 6. *tom. en* 3. *vol. in* 8.

686 Lettere amorofe di M. Girolamo Parabofco. *in Venetia.* 1617. *in* 12.

687 Raccolta di Lettere del Card. Bentivoglio. *Parigi.* 1680. *in* 12.

688 Lettres Familieres, Morales & Critiques de Dennis. *Lond.* 1721. *in* 8. *en Anglois.*

689 Lettres de M. Pope. *Londres.* 1735. *in* 12. *en Anglois.*

HISTOIRE

PRELIMINAIRE DE L'HISTOIRE.

Introduction à l'Histoire.

690 Méthode pour étudier l'Histoire, par l'Abbé Lenglet Dufrenoy. *Paris.* 1713. 2. *vol. in* 12.

691 La même. *Paris.* 1729. 4. *vol. in* 4.

GEOGRAPHIE.

Introduction à la Geographie.

692 Méthode Geographique, par Nolin. *in* 8.

693 La Geographie Univerſelle, par Duval. *Paris.* 1682. 2. *vol. in* 12.

694 L'Atlas de Samſon. *in fol. fig. enluminées, avec une Table.*

695 Atlas Hiſtorique, par Gueudeville. *Amſterd.* 1705. 7. *vol. in fol. g. p.*

697 L'Iſole piu Famoſe, deſcritte da Thomaſo Porcacchi & Intagliate da Girolamo Porro. *in Venezia.* 1576. *in fol.*

698 Dictionnaire Geographique & Historique de Thom. Corneille. *Paris.* 1708. 3. *vol. in fol.* 12

699 Le Grand Dictionnaire Geographique & Critique, par M. Bruzen la Martiniere. *La Haye.* 1726. *& suiv.* 9. *vol. in fol.* 150

Voyages.

700 L'Interprête du Voyageur en quatre Langues; sçavoir, Anglois, Hollandois, François & Italien. *Lond.* 1728. *in* 8. *en Anglois.* ..3

Voyages dans différentes parties du Monde.

701 Voyage au Tour du Monde, commencé en 1708. & fini en 1711. par Woodes Rogers, trad. de l'Anglois. *Amst.* 1706. 2. *vol. in* 12. ..4

702 Nouveau Voyage au Tour du Monde, par Dampier. *Amst.* 1717. 5. *vol. in* 12. ..5

703 Les Voyages de la Motraye en Europe, Asie & Afrique. *La Haye.* 1727. 3. *vol. in fol.* ——24

704 Les Voyages de Vincent le Blanc, traduits en Anglois. *Lond.* 1660. *in fol.* ..2

705 Voyages du Chevalier Chardin en Perse, & autres Lieux de l'Orient. *Amst.* 1711. 3. *vol. in* 4. ..

706 Les mêmes. *Amst.* 1711. 10. *vol. in* 12. *fig.* ——20

707 Voyage du sieur Paul Lucas fait en 1714. dans la Turquie, l'Asie, Sourie, Palestine &c. *Rouen.* 1719. 3. *vol. in* 12. *fig.* ——6

708 Les Voyages à Jerusalem, aux Indes & au—— ..4

tres lieux ; par J. Maundeville. *Lond.* 1725.
en Anglois. in 8. *g. p.*

709 Les Voyages de Adam Olearius & de Jean
Albert de Mandeflo faits en Moſcovie, Tarta-
rie & Perſe, & aux Indes Orientales, traduits
par A. de Wicquefort. *Amſt.* 1727. 4. *tom.* 2.
vol. in fol.

710 Voyage de Struys en Moſcovie, Tartarie &
Perſe. *Amſt.* 1728. 2. *vol. in* 12.

711 Les mêmes. *Amſt.* 1720. 3. *vol. in* 12.

712 Les Voyages de J. B. Tavernier en Turquie,
en Perſe & aux Indes. *Rouen.* 1713. 6. *vol. in*
12. *fig.*

713 Relation de divers Voyages curieux, par
Thevenot. *Paris.* 1663. *& ſuiv.* 3. *vol. in fol.*

714 Voyages de Dalmatie, de Grece & du Le-
vant, par George Wheler. *La Haye.* 1723. 2.
vol. in 12.

715 Voyage de Grece, par le même. *Lond.* 1682.
in fol. n Anglois.

716 Voyage d'Italie, de Dalmatie, de Grece &
du Levant, par Jacob Spon & George Wheler.
La Haye. 1724. 2. *vol. in* 12.

717 Recuëil des Voyages de la Compagnie des
Indes. *Amſt.* 1715. 12. *vol. in* 12. *fig.*

718 Recueil de Voyages au Nord, contenant
divers Memoires très-utiles au Commerce & à
la Navigation. *Amſt.* 1716. 3. *vol. in* 12.

719. Les mêmes. *Amſt.* 1715. 7. *vol. in* 12. *fig.*

Voyages en Europe.

720 Les Voyages d'Italie de Miſſon. *La Haye.*
1702. 3. *vol. in* 12. *fig.*

721 Les mêmes. *Lond.* 1714. 4. *vol. in* 8. *en An-
glois. fig.*

722 Voyage d'Espagne, contenant plusieurs particularitez de ce Royaume &c. *Cologne.* 1666. *in* 12.

723 Voyages du P. Labat en Espagne & en Italie. *Paris.* 1730. 8. *vol. in* 12.

724 Voyages d'Angleterre. *Londres.* 1722. *in* 8. *en Anglois.*

725 La Vie, les Avantures & le Voyage de Groenland par Pierre de Mesange. *Amst.* 1720. 2. *vol. in* 12.

Voyages en Asie.

726 Voyages faits en Asie, avec l'Histoire des Sarazins & des Tartares, par Pierre Bergeron. *La Haye.* 1735. *in* 4. *g. p.*

727 Voyages de Jean Ovington faits à Surat & en d'autres Lieux d'Asie & d'Afrique, traduits de l'Anglois. *Paris.* 1725. *in* 12.

728 Relation d'un Voyage du Levant, par Pitton de Tournefort. *Paris. Imp. Royale.* 1717. 2. *vol. in* 4.

729 Voyages de M. de Thevenot au Levant. *Amst.* 1727. 5. *vol. in* 12. *fig.*

730 Nouveau Voyage aux grandes Indes, avec une Instruction pour le Commerce des Indes Orientales, par Luillier. *Roterdam.* 1726. *in* 12.

731 Journal d'un Voyage fait aux Indes Orientales par une Escadre de six Vaisseaux, commandez par M. du Quesne. *La Haye.* 1721. 3. *vol. in* 12.

732 Historia Oriental de Las peregrinationes de Fernan Mendes Pinto. *en Madrid.* 1620. *in fol.*

733 Les Voyages de Pietro della Valle. *Paris.* 1670. 4. *vol. in* 4.

5. 734 Voyage de Siam des Peres Jesuites envoyés par le Roi aux Indes & à la Chine. *Amst.* 1687. 3. *vol. in* 12. *fig.*

Voyages en Afrique.

735 Relation d'un Voyage fait aux Côtes d'Afrique &c. par M. de Gennes. *Amst.* 1697. *in* 12.

736 Journal d'un Voyage sur les Côtes d'Afrique & aux Indes d'Espagne. *Amst.* 1723. *in* 12.

737 Voyage du Chevalier des Marchais en Guinée, Isles voisines & à Cayenne, par le P. Labat. *Paris.* 1730. 4. *vol. in* 12.

738 Voyage de Madagascar, connu aussi sous le nom de l'Isle de saint Laurent. *Amst.* 1722. *in* 12.

Voyage en Amerique.

739 Le Voyage de l'Amerique, contenant ce qui s'est passé de plus remarquable dans l'Amerique Septentrionale, depuis 1534. jusqu'à présent. *Amst.* 1723. 4. *vol. in* 12.

740 Nouveau Voyage aux Isles de l'Amerique, contenant l'Histoire de ces Pays, par le P. Labat. *La Haye.* 1724. 2. *vol. in* 4.

741 Nouveaux Voyages aux Côtes de Guinée & en Amerique. *Amst.* 1739. *in* 12.

742 Voyages de François Coreal aux Indes Occidentales. *Amst.* 1722. 2. *vol. in* 12.

743 Les Voyages de Thomas Gage. *Amst.* 1720. 2. *vol. in* 12.

744 Les Voyages de Lionnel Waffer, traduits de l'Anglois par de Montirat. *Paris.* 1706. *in* 12.

Voyages imaginaires.

745 Les Avantures de Jacques Sadeur dans la découverte, & le voyage de la Terre Auftrale. *Paris.* 1705. *in* 12.

746 Voyages & Avantures de Jacques Maffé. *Cologne.* 1710. *in* 12.

747 Hiftoire de Sevarambes, Peuples qui habitent la Terre Auftrale. *Amft.* 1716. 2. *vol. in* 12.

HISTOIRE UNIVERSELLE.

748 Dichiaratione di tutte le Iftorie di Girol. Bardi. *in Venezia.* 1587. *in* 8.

749 Le grand Théatre Hiftorique, ou Hiftoire univerfelle, tant Sacrée que Profane. *Leide.* 1703. 3. *vol. in fol. g. p.*

750 Juftini Hiftoriarum Libri. *Amft.* 1638. *in* 12.

751 Idem cum notis Ifaaci Voffii. *Amft. Elfevirs.* 1656. *in* 12.

752 Pauli Jovii Hiftoriæ fui temporis. *Florentiæ.* 1550. *in fol.* 2. *vol.*

753 Hiftoires de Paul Jove fur les chofes faites & avenuës de fon tems, traduites par Denis Sauvage. *Lyon. Rouille.* 1558. 2. *vol. in fol. mar. r.*

754 Hiftoire du feiziéme fiécle, par M. Durand. *La Haye.* 1734. 4. *vol. in* 12.

755 L'Efpion dans les Cours des Princes Chrétiens. *Cologne.* 1710. 6. *vol. in* 12,

756 Memoires pour fervir à l'Hiftoire du XVIII. Siécle, contenant les Négociations, Traitez &c. concernant les affaires d'Etat, par M. de

Lamberty. *La Haye.* 1724. 12. *vol. in* 4.

HISTOIRE ECCLESIASTIQUE.
Hiſtoire Eccleſiaſtique generale.

Hiſtoire Eccleſiaſtique de l'Ancien & du Nouveau Teſtament.

757 Hiſtoire du Peuple de Dieu depuis ſon origine juſqu'à la naiſſance du Meſſie , par le Pere Berruyer. *Paris.* 1736. 10. *vol. in* 12.

758 Hiſtoire du vieux & du nouveau Teſtament repreſenté en figures par le Sieur de Royaumont. (Nic. Fontaine.) *Paris. le Petit.* 1671. 4°. *gr. p. m. r.*

759 Hiſtoire du vieux & du nouveau Teſtament, enrichie de plus de 400. figures en taille-douce. *Amſt. Mortier.* 1700. 2. *vol. fol. gr. p. m. c.* premiere édition.

760 Hiſtoire de l'ancien & du nouveau Teſtament, par D. Calmet. *Paris.* 1725. 7. *vol. in* 12.

761 Diſcours Hiſtoriques, Critiques, Théologiques & Moraux ſur le vieux Teſtament, par Jacques Saurin, avec des figures gravées par Picart. *La Haye.* 1728. 4. *vol. fol. Papier ſup. Royal. m. bl.*

762 Catechiſme Hiſtorique par M. Fleury. *Paris.* 1700. 2. *vol. in* 12. *fig.*

763 Catalogus Virorum Illuſtrium veteris & novi Teſtamenti à Step. Luſignano. *Pariſiis.* 1580. 8°.

Histoire Ecclesiastique du nouveau Testament.

764 Histoire Ecclesiastique par M. Fleury. *Paris.* 1691. 34. *vol.* 4.

765 Histoire de l'Eglise depuis Jesus-Christ jusqu'à présent, par Basnage. *Rotterdam.* 1699. 2. *vol. fol.*

766 Mémoires pour servir à l'Histoire Ecclesiastique des six premiers Siécles, & l'Histoire des Empereurs Chrétiens, par le Nain de Tillemont. *Paris.* 1701. 22. *vol.* 4.

767 Em. à Schelstrate antiquitates Ecclesiæ. *Romæ.* 1692. 2. *vol. fol.*

Histoire Ecclesiastique particuliere.

Histoire des Conciles, des Papes, &c.

768 Histoire du Concile de Pise, par Jacques Lenfant. *Paris.* 1724. 2. *tom.* 1. *vol.* 4.

769 Histoire du Concile de Constance, par le même. *Amst.* 1727. 2. *vol.* 4.

770 Histoire de la Guerre des Hussites & du Concile de Basle, par le même. *Amst.* 1731. 2. *tom.* 1. *vol.* 4. *gr. p.*

771 Istoria del Concilio di Trento dal Sforza Pallavicino. *Roma.* 1664. 3. *vol.* 4. *m. r.*

772 Histoire du Concile de Trente de Fra Paolo Sarpi, traduit par Amelot de la Houssaye. *Amst.* 1686. 4.

773 La même. 1713. *in* 4.

774 Lettres Anecdotes & Mémoires Historiques du Nonce Visconti, Ital. & Franç. *Amst.* 1719. 2. *vol.* 8.

775 Lettres & Mémoires de Fr. de Vargas, touchant le Concile de Trente, traduit de l'Espag. par Michel le Vaſſor. *Amſt.* 1699. *in* 8. *m. r.*

776 De Tribus Hiſtoricis Concilii Tridentini auth. Aquilinio. *Antuerpiæ.* 1662. *in* 12.

777 Hiſtoire ſainte contenant la vie des Papes des onze premiers ſiécles, &c. *Bruxelles.* 1705. 4. *vol.* 12.

778 Erreur populaire de la Papeſſe Jeanne. 1588. 12.

779 Il Cardinaliſmo di ſanta Chieſa. 1668. 3. *vol.* 12.

780 La juſte Balance des Cardinaux vivans. *Paris.* 1652. *in* 12.

781 Hiſtoire du Miniſtre du Cardinal Ximenes, par M. de Marſolier. *Paris.* 1739. 2. *vol. in* 12.

782 Traité Hiſtorique de l'établiſſement & des prérogatives de l'Egliſe de Rome & de ſes Evêques, par Mainbourg. *Paris.* 1685. 4.

Hiſtoire des Ordres Religieux & Militaires, &c.

783 Les Moines Empruntez, par P. Joſeph. *Cologne.* 1696. 12. 2. *tom.* 1. *vol.*

784 Hiſtoire des Ordres Monaſtiques Religieux & Militaires, par Helyot. *Paris.* 1714. 8. *vol.* 4.

785 Hiſtoire du Clergé Séculier & Régulier, avec des figures qui repreſentent les différens habillemens de différens Ordres. *Amſt.* 1716. 4. *vol. in* 12.

786 Monaſticon Congregationis ſancti Mauri, ou Recueil des Vûës des Maiſons qui appartiennent à cette Congregation. 1. *vol. fol. g. p.*

787 Hiſtoire des Ordres Militaires ou de Chevalerie, contenant leurs Inſtitutions, &c.

Amst. 1689. 2. *vol. in* 12. *fig.*

788 Le Martyrologe des Chevaliers de S. Jean de Jerufalem, *dits* de Malthe, par Matthieu de Gouffancourt. *Paris.* 1643. 2. *vol. fol. fig.*

789 Hiftoire de Malthe, avec les Statuts & les Ordonnances de l'Ordre, par Baudoin & de Naberat. *Paris.* 1659. *fol. g. p.*

790 Hiftoire des Chevaliers Hofpitaliers de faint Jean de Jerufalem, aujourd'hui de Malthe, par l'Abbé de Vertot. *Paris.* 1726. 4. *vol.* 4. *g. p.*

791 La même. *Paris.* 1726. 5. *vol. in* 12.

792 Hiftoire fecrette des Templiers ou Chevaliers de Malthe, *Amst.* 1730. 2. *tom.* 1. *vol.*

793 Hiftoire de l'Ordre de la Toifon d'Or, par Guillaume ** Abbé de S. Bertin. *Paris.* 1516. *fol. gotiq.*

Hiftoire Sacrée.

794 La Légende dorée, ou Vie des Saints. *Paris.* 1625. *fol. gotiq.*

795 Les Vies des Saints par Baillet. *Paris.* 1701. 17. *vol. in* 8. *m. r.*

796 Les Vies des Saints Peres des Déferts, par Arnauld d'Andilly. *Paris le Petit.* 1675. 3. *vol. in* 8. *m. r.*

797 Les Oeuvres diverfes de M. Arnauld d'Andilly, contenant les Vies des Saints Peres des Déferts, l'Hiftoire de l'ancien Teftament, les Confeffions de S. Auguftin, & diverfes autres Opufcules; Vies de plufieurs Saints illuftres de divers fiécles, choifies & traduites par le même; Hiftoire des Juifs, traduite du Grec de Flavius Jofeph; les Oeuvres de Sainte Therefe; les Oeuvres du Bienheureux Jean d'Avila. *Paris le Petit.* 1675. 8. *vol. fol.*

798 La Vie du Bienheureux François Regis, par
le P. d'Aubenton. *Paris.* 1716. 4.

799 La Vie de la vénerable Mere Marguerite Marie
Alacoque Religieufe de la Vifitation Sainte Ma-
rie, par Jean Jofeph Languet, Evêque de
Soiffons. *Paris.* 1729. 4.

800 Le Grand Pecheur Converti, ou la Vie de M.
Queriolet. *Paris.* 1663. 12.

802 Réponfe à la Lettre du P. Mabillon, touchant
la prétenduë fainte Larme de Vendôme, par J. B.
Thiers. *Cologne.* 1700. 12.

Hiftoire des Héréfies.

803 Hiftoria Flagellantium, de recto & perverfo
flagrorum ufu, aut Jac. Boîleau. *Parifiis.* 1700. 12.

804 Guil. Lindan de la caufe des troubles pour
la Religion meus par Luther & Calvin. *Paris.*
1566. 8.

805 Hiftoire des Variations des Eglifes Proteftan-
tes, par J. Benigne Boffuet. *Paris.* 1688. 2. *vol.* 4.

806 Les fix Avertiffemens aux Proteftans fur les
Lettres du Miniftre Jurieux, contre l'Hi-
ftoire des Variatious, par Jacq. Ben. Bof-
fuet. *Paris Cramoify.* 1689. 4.
Pieces & Mémoires touchant l'Abbaye de
Jouarre, pour M. Jacq. Ben. Boffuet,
contre la R. D. Henriette de Lorraine,
Abbeffe de Jouarre. *Paris.* 1690. 4.

807 Hiftoire du Calvinifme & celle du Papifme con-
tre l'hiftoire du Calvinifme de Mainbourg, par
Jurieu. *Amft.* 1683. 4. *vol.* 12.

808 Hiftoire de l'Edit de Nantes contenant ce qui
s'eft paffé en France à l'occafion de la diverfité

Mélanges de l'Histoire Ecclesiastique.

809 Relatione dello stato della Religione, tradotta dell' Inglese. Del Sandis. 1625. 4.
810 Le Livre des Merveilles du Monde, composé l'an 1479. 4. *gotiq. m. verd.*

HISTOIRE PROFANE.

Histoire ancienne.

Histoire des Juifs.

811 Histoire des Juifs traduite de Flavius Joseph, par M. Arnauld d'Andilly. *Amst.* 1681. *fol. fig.*
812 Histoire des Juifs & des Peuples voisins, par M. Prideaux. *Amst.* 1728. 6. *vol. in* 12. *fig.*
813 Histoire des Juifs depuis Jesus-Christ jusqu'à présent, pour servir de continuation à l'Histoire de Joseph, par Basnage. *La Haye.* 1716. 15. *vol.* 12.
814 La République des Hebreux, & Antiquitez Judaïques, où l'on voit l'origine de ce Peuple, ses Loix, &c. *Amst.* 1705. 5. *vol. in* 8. *avec fig. m. r.*

Histoire des Quatre Monarchies, &c.

815 Histoire Universelle de Diodore de Sicile, traduite en François par M. l'Abbé Terasson. *Paris.* 1737. 2. *vol. in* 12.
816 Histoire ancienne des Egyptiens, des Cartaginois, des Assyriens, des Babyloniens, des Médes, & des Perses, des Macedoniens, des

Grecs, par M. Rollin. *Paris.* 1731. 11. *vol.* 12.

300.—817 Dictys Cretensis. *Sur velin avec miniatures en camayeux.* 4. *m. bl.*

6.—818 Dictys Cretensis & Dares Phrygius. cum interpretatione annæ Daceriæ ex Editione Jacob. Perizonii. *Amst.* 1702. 4.

Histoire Grecque.

5.—819 L'Histoire de Thucydide de la Guerre du Peloponese. *Paris.* 1671. 3. *vol. in* 12.

6.—820 Q. Curtii Rufi Historiarum Libri. *Lugd. Bat. Elzevirs.* 1633. *in* 12.

Histoire Romaine.

821 Histoire Romaine depuis la fondation de Rome, par les PP. Catrou & Rouillé. *Paris.* 1725. 20. *vol. in* 4. *g. p.*

822 La même. *Paris.* 1731. 20. *vol. in* 12.

823. Histoire de Polybe, traduite du Grec de D. Vincent Thuillier, avec un Commentaire sur la science Militaire, par le Chevalier Follard. *Paris.* 1727. 6. *vol. in* 4. *g. p.*

824 C. Julii Cæsaris Commentarii & Emendatione Jos. Scaligeri. *Amst. Jamson.* 1621. *in* 24. *mar. r.*

825 Iidem Commentarii. *Lugd. Bat. Elzevirs.* 1635. *in* 12.

826 Iidem cum notis Samuelis Clarke Londini. *Tonson.* 1712. 2. *vol. in fol. g. p. m. r. fig.*

827 Les Decades de Tite-Live, trad. en François par P. Duryer. *Amst.* 1700. 8. *vol. in* 12.

828 L. Annæus Florus. *Lugd. Bat. Elzeviers.* 1657. *in* 12.

829

831 C. Corn. Tacitus ex editione J. Lipſii. *Lugd.*
Bat. Elzeviers. 1640. 2. *vol. in* 12. *m. b.*

832 Les Oeuvres de Tacite de la traduction de
Nicolas Perrot ſieur d'Ablancourt. *Paris.* 1672.
3. *vol. in* 12. *mar. r.*

833 Tacite avec des Notes Politiques & Hiſtori-
ques, par M. Amelot de la Houſſaye. *Paris. &*
la Haye. 1724. *&* 35. 10. *vol. in* 12.

834 Les Annales de Corn. Tacite. *Lond.* 1622. *in*
fol. en Anglois.

835 Suetonii Duodecim Cæſares. *Lugduni Gryphius.*
1548. *in* 18.

836 Hiſtoire Romaine écrite par Xiphilin, Zona-
re & Zoſime, trad. par M. Couſin. *Amſt.* 1686.
2. *vol. in* 12.

837 Hiſtoire de Theodoſe le Grand, par Fléchier.
Paris. 1679 *in* 4.

838 La même. *Paris.* 1734. *in* 12.

839 Hiſtoire des deux Triumvirats, avec l'Hiſtoi-
re d'Auguſte, par Larrey. *Amſt.* 1719. 2. *vol.*
in 12.

840 Hiſtoire des grands Chemins de l'Empire Ro-
main, par Bergier. *Bruxelles.* 1728. 2. *vol. in*
4. *g. P.*

Hiſtoire Byzantine.

841 Hiſtoire de Conſtantinople, traduite ſur les
Originaux Grecs, par M. Couſin. *Amſt.* 1685.
10. *vol. in* 12.

842 Hiſtoire de l'Empire de Conſtantinople ſous
les Empereurs François, par Geoffroy de Vil-
le-Hardouin. *Paris. Imp. Royale.* 1657. *in fol.*

K

HISTOIRE NOUVELLE.

Introduction à l'Histoire nouvelle.

843 Histoire Moderne & Etat présent de toutes les Nations ; par Salmons. *Lond.* 1725. 7. *vol. in* 8. *fig. en Anglois.*

844 Introduction à l'Histoire Generale & Politique de l'Univers. *Amst.* 1736. 7. *vol. in* 12.

845 Introduction à l'Histoire de l'Univers, par M. le Baron de Puffendorf. *Amst.* 1738. 9. *vol. in* 12.

846 Introduction à l'Histoire de l'Asie, de l'Afrique & de l'Amerique, pour servir de suite à celle de Puffendorf, par Bruzen la Martiniere. *Amst.* 1735. 2. *vol. in* 12.

Histoire d'Italie.

847 Les délices de l'Italie. *Paris.* 1707. 4. *vol. in* 12. *fig.*

848 Nouveau Théatre d'Italie. *La Haye.* 1724. 4. *vol. in fol. g. p. fig.*

849 Historia d'Italia di Fr. Guicciardino. *in Venezia.* 1580. *in* 40.

850 Compendio della Storia di M. Franc. Guicciardini. *in Fiorenza. in* 4.

851 Memoriè o vero Diario del Card. Bentivoglio. *Amst.* 1648. *in* 8.

852 Rome ancienne & moderne, par François de

Seine. *Amft.* 1713. 10. *vol. in* 12. *fig.*

853 Hiſtoria della Citta è Regno di Napoli di Gio Ant. Summonte. *Napoli.* 1675. 4. *vol. in* 4.

854 Conſiderazioni Theologico - Politiche fatte à pro degli Editti de S. Maeſta Cattolica Intorno alle Rendite Eccleſiaſtiche del Regno di Napoli. 1708. *in* 4.

855 La Vera Antichita di Pozzuolo di Capaccio. *in Roma.* 1652. *in* 8.

856 Defenſe de la Monarchie de Sicile contre les entrepriſes de la Cour de Rome. 1716. 2. *vol. in* 12.

857 Hiſtoire du Gouvernement de Veniſe, par Amelot de la Houſſaye. *Paris.* 1685. 2. *vol. in* 8. *mar. c.*

858 La même, & l'examen de ſa liberté, par le même. *Amft.* 1705. 3. *vol. in* 12.

859 La Legende des Venitiens, par Jean le Maire de Belges. *in* 8. *gothiq.*

860 Squitinio della liberta Veneta. *in Mirandola.* 1612. *in* 8.

861 Torelli Saraynæ de origine & amplitudine Civitatis Veronæ. *Veronæ.* 1540. *in fol. fig.*

862 Le Hiſtorie della Citta di Fiorenza di M. Jacopo Nardi. *in Lione.* 1682. *in* 4.

863 Les Anecdotes de Florence ou Hiſtoire ſecrete de la Maiſon de Medicis. *in fol.* MſI.

Storia Antica di Ricordano Maleſpini della edificazione di Fiorenza. *in Fiorenza.* 1598.

Iſtoria di Marco Poggio Fiorentino tradotta di Latino per M. Fr. Serdonati. *in Fiorenza Giunti.* 1598.

Vite de cinque Huomini illuſtri ſcritte dall' Abate D. Silvano Razzi. *in Firenze.* 1602. *in* 4.

865 Nouveau Théatre de Piemont & de la Savoye. *La Haye.* 1725. 2. *vol. in fol. g. p. fig.*

866 Les grandes Chroniques des Geftes & Vertueux faits des très-illuftres & victorieux Princes des Pays de Savoye & Piedmont, par Symphorien Champier. *Paris.* 1515. *in fol. goth.*

867 La Venaria Reale Palazzodi piacere di Carlo Emmanuel II. Duca di Savoia. 1672. *in 4.*

868 Regiæ villæ Agri Taurinenfis Poëtica defcriptio à Car. Mar. Audiberto. *Augustæ Taurinorum.* 1711. *in 4.*

869 Huberti Foglietæ Hiftoria Genuenfis. *Genuæ.* 1585. *in fol.*

870 Hiftoire de la Republique de Gennes. *Paris.* 1696. 3. *vol. in* 12. *mar. r.*

871 Palazzi moderni di Genova raccolti & defignati da Pietro paolo Rubens. *in Anverfa.* 1708. *in fol. g. p. fig.*

872 Hiftoire des Révolutions de l'Ifle de Corfe, & de l'élevation de Théodore I. fur le Trône de cet Etat. *La Haye.* 1738. 2. *vol. in* 16.

HISTOIRE DE FRANCE,

Introduction à l'Hiftoire de France.

873 Bibliotheque des Auteurs qu'ont écrit l'Hiftoire & Topographie de la France, par André Duchefne. *Pars.* 1627. *in* 8.

874 Bibliotheque Hiftorique de la France, contenant le Catalogue de tous les Ouvrages, tant imprimez que Mf. qui traitent de l'Hiftoire de ce Royaume, par le P. le Long. *Paris.* 1719. *in fol.*

875 Had. Valesii Notitia Galliarum. *Parisiis.* 1675.
in fol.

876 Nouvelle Description de la France, par M.
Piganiol de la Force. *Amst.* 1719. 6. *vol. in* 12.

Traitez de l'origine des François.

877 Histoire Critique de l'établissement de la
Monarchie Françoise dans les Gaules, par M.
l'Abbé Dubos. *Paris.* 1733. 3. *vol. in* 4. *g. p.*

878 La Religion des Gaulois tirée des plus pures
sources de l'Antiquité, *Paris.* 1727. 2. *vol. in*
4. *g. p.*

879 Mœurs & Coutumes des François, par Louis
le Gendre. *Paris.* 1712. *in* 12.

Histoire generale de France.

880 Historiæ Francorum & Normanorum Scripto-
res Coætanii, studio And. Duchesne. *Paris.* 1636.
6. *vol. in fol.*

881 Hadriani Valesii Gesta Francorum. *Paris.* 1646.
in fol. 3. *vol.*

882 Les Chroniques de France vulgairement dites
les Chroniques de saint Denis, imprimées sur
velin avec de très-belles miniatures. *Paris.* 3.
vol. in fol. reliés en velours.

883 La Mer des Histoires & Chronique de Fran-
ce. *Paris. Galliot du Prez.* 1517. 4. *vol. in -fol.*
gothiq.

884 L'état & succès des affaires de France, par
Girard du Haillan. *Paris.* 1580. *in* 8.

885 Histoire de France, par Mezeray. *Paris. Guil-*
lemot. 1643. 3. *vol. in fol. g. p. mar. bl.*

886 Abregé Chronologique de l'Histoire de Fran-

ce, par Mezeray, avec l'avant Clovis. *Amst.*
1696. 7. *vol. in* 12.

887 Le même, fous les Regnes de Louis XIII. &
Louis XIV. par le même. *Amst.* (*Rouen.*) 1722.
2. *vol. in* 12.

888 Le même. *Trevoux.* 1727. 3. *vol. in* 12.

889 Le même. *Amst.* 1736. 2. *vol. in* 12.

890 Hiftoire de France , depuis la Monarchie
Françoife dans les Gaules , par le P. Daniel. *Pa-*
ris. 1729. 10. *vol. in* 4. *g. p.*

891 Les Monumens de la Monarchie Françoife ,
par Dom Bernard de Montfaucon. *Paris.* 1729.
5. *vol. in fol. g. p. fig.*

892 Annales de la Monarchie Françoife , par M.
de Limiers. *Amst.* 1724. 2. *vol. in fol. gr. pap.*
figur.

893 Hiftoire generale de France , par Scipion du
Pleix. *Paris.* 1634. 5. *vol. in fol. g. p. m. r.*

894 Nouvelle Hiftoire de France , par Louis le
Gendre. *Paris.* 1718. 3. *vol. in fol.*

895 Hiftoire de France , par M. de Chalons. *Pa-*
ris. 1720. 3. *vol. in* 12.

896 Hiftoire de l'origine & des progrès de la
Monarchie Françoife , fuivant l'ordre des tems.
par Guiele Marcel. *Paris.* 1686. 4. *vol. in* 12.

897 Hiftoire des Révolutions de France , par M.
de la Hode. *La Haye.* 1738. 4. *vol. in* 12.

898 Les Batailles memorables des François , depuis
le commencement de la Monarchie jufqu'à pré-
fent. *Amst.* 1701. 2. *vol. in* 12.

Hiftoire particuliere de France.

899 L'heritiere de Guyenne, ou Hiftoire d'Eleo-
nor, fille de Guillaume, dernier Duc de Guyen-
ne. *Rotterdam.* 1691. *in* 8.

900 Hiſtoire de S. Louis, par Charles du Freſne Sieur du Cange. *Paris.* 1668. *fol.* ——— 36.

901 Hiſtoire du differend d'entre le Pape Boniface VIII. & Philippe le Bel. *Paris.* 1655. *fol.* · 6.

902 Hiſtoire de la condamnation des Templiers, par Dupuy. *Paris.* 1654. 4. 4.

903 La même. *Bruxelles.* 1713. 2. *vol.* 12.' 5.

904 Hiſtoire de Bertrand du Gueſclin Connétable de France. *Paris.* 1666. *fol.* 5.

905 Hiſtoire du Maréchal de Boucicaut, par Theodore Godefroy. *Paris.* 1620. 4. . 3.

906 Le Maréchal de Boucicault. *Paris.* 1714. 12. 1.

907 Hiſtoire de Charles VI. Roi de France, par J. Juvenal des Urſins, miſe en lumiere par le même. *Paris.* 1614. 4. 2.

908 Hiſtoire de Charles VI. depuis 1380. juſques à 1422. par Denis Godefroy. *Paris, de l'Imp. Roy.* 1653. *fol.* 10.

909 Hiſtoire de Charles VI. par le Laboureur. *Paris.* 1663. 2. *tom.* 1. *vol. fol.* 4.

910 Les Oeuvres de Maître Alain Chartier, contenant l'Hiſtoire de Charles VI. & Charles VII. Publiées par André Ducheſne. *Paris.* 1617. 4. 3.

911 Les Vigiles de la mort du feu Roi Charles VII. par Martial de Paris, *dit* d'Auvergne. *Paris.* 4. *gotique m. r.* 12.

912 Hiſtoire de Charles VII. par Jean Chartier, depuis 1422. juſques en 1461. revûs par Denis Godefroy. *Paris, de l'Imp. Roy.* 1661. *fol.* 12.

913 Mémoires pour ſervir à l'Hiſtoire de France & de Bourgogne, ſous les Regnes de Charles VI. & Charles VII. *Paris.* 1729. 4. 3.

914 Hiſtoire de Louis XI. & des choſes mémorables advenuës de ſon Regne, depuis 1460. 1.

jusques à 1483. par Jean de Troyes. 8.

915 Les Mémoires de Philippes de Comines, depuis 1464. jusques en 1498. *Paris de l'Imp. Roy.* 1649. *fol.*

916 Les mêmes, revûs par Godefroy. *Bruxelles.* 1723. 5. *vol.* 8.

917 Histoire de Charles VIII. par Guillaume de Jaligny , depuis 1483. jusques en 1498. revûë par le même. *Paris, de l'Imp. Roy.* 1684. *fol.*

918 Vie du Cardinal d'Amboise, par Louis Le Gendre. *Rouen.* 1726. 2. *vol. in* 12.

919 Les Chroniques de Froiffard fur l'Histoire de France & d'Angleterre. *Paris. 3. vol. fol. gotiq. maroq. roug.*

920 Les Chroniques de Enguerrand de Monstrelet. *Paris.* 1518. *in fol. got.*

921 Les mêmes. *Paris. Chaudiere.* 1572. 2. *vol. fol. mar.*

922 Lettres du Roy Louis XII. & du Cardinal George d'Amboise. *Bruxelles.* 1712. 4. *vol. in* 12.

923 Le Couronnement de François I. voyage & conquête du Duché de Milan. Par le Moine fans froc. *Paris.* 1520. *in* 4. *gotiq. mar. r.*

925 Histoire du Chevalier Bayard depuis 1489. jufques à 1524. *Paris.* 1616. 4.

926 Mémoires de Martin du Bellay Sr. de Langey. *Paris.* 1572. *fol.*

927 Histoire de François I. 2. *vol. fol. Mf.*

928 Histoire de Henry II. durant les années 1547. & 1548. *fol. Mf.*

929 Lettres & Mémoires d'Etat, par Guillaume Ribier. *Paris.* 1666. 2. *vol. fol.*

930 Commentaires de l'Etat, de la Religion & Répub.

République, fous les Rois Henry, François II.
& Charles &c. 1665. 8.

931 Mémoires de Du Villars, contenant l'Hiftoire
des Guerres de Piedmont, Savoye, &c. depuis
1550. jufqu'en 1562. *Paris.* 1630. 2. *vol.* 8.

932 Recueil des chofes mémorables faites & paffées
pour le fait de la Religion & état de ce Royau-
me, depuis la mort du Roy Henry II. jufques
au commencement des troubles, *dits* les Mémoi-
res de Condé, ~~avec la fuite, depuis xxx. jufqu'à~~
~~xxx. 3.~~ *vol. in* ~~8. m. xxx. 16. Mar. R.~~   36.

933 Les Mémoires de Michel de Caftelnau, don-
nés par J. Le Laboureur. *Paris.* 1659. 2. *vol.*   10.
in fol.

934 Les mêmes. *Bruxelles.* 1731. 3. *vol. fol.* g. p] 50.

935 Hiftoire des Troubles & Guerres Civiles, &
Avenuës pour le fait de la Religion, tant en
France, Allemagne, que Pays-Bas, par J. le   2.
Frere de Laval. *Paris.* 1573. *in* 8.

936 La Légende de Charles Cardinal de Lorraine
& de fes freres de la Maifon de Guife. *Reims.*   7.
1576. *in* 8. *m. r.*

937 Le Réveille-matin des François & de leurs
voifins, compofé par Eufebe Philadelphie Cofmo-
polite. *Edimbourg.* 1574. *in* 8. *m. bl.*   7.

938 La Vie de Gafpard de Coligny Amiral de-
France. *Cologne.* 1686. *in* 12.   2.

939 Mémoires de la troifiéme Guerre & des trou-
bles de France fous Charles IX. 1571. 8.   3.

940 Mémoires de l'Etat de France fous Charles
IX. *Meidelbourg.* 1576. 3. *vol. in* 8.   15.

941 Faits & dits mémorables de plufieurs grands
Perfonnages François & chofes fecrettes, fous
les Regnes de François I. Henry, François II,   2.
& Charles IX. 1565. 8.

L.

942 Moyens d'abus, entreprises & nullitez de la Bulle de Sixte V. contre Henry de Bourbon Roy de Nauarre, & Henry de Bourbon Prince de Condé. *Cologne.* 1586. 8.

943 De Justa Henrici tertii abdicatione e Francorum Regno. *Parisiis.* 1589. *in* 8.

944 Mémoires de la Reine Marguerite. *Bruxelles.* 1658. 12.

945 Journal des choses mémorables advenuës durant le Regne de Henry III. *Cologne.* 1720. 2. *vol.* 8.

946 Recueil de diverses Pieces servant à l'histoire de Henry III. *Cologne.* 1699. 2. *vol. in* 8.

947 Discours merveilleux de la Vie, actions & départemens de Catherine de Medicis 1649. *in* 12.

948 Satyre Menippée de la vertu du Catholicon d'Espagne. *Ratisb.* 1709. 3. *vol.* 8. *fig.*

949 La même. *Ratisb.* 1714. 3. *vol.* 8.

950 Sermons sur la simulée Conversion & la nullité de la prétenduë Absolution de Henry de Bourbon, par Jean Boucher. *Paris.* 1594. 8. *m. r.*

951 Dialogue d'entre le Maheutre & le Manant, contenant les raisons de leurs débats touchant les troubles du Royaume. 1594. *in* 8. *m. bl.*

952 Le Banquet, & après-dînée du Comte d'Arete, où il se traite de la dissimulation du Roy de Navarre & des mœurs de ses Partisans, par d'Orleans. *Arras.* 1594. *in* 8. *m. v.*

953 Les Mémoires de M. le Duc de Nevers. *Paris.* 1665. 2. *vol. fol. g. p.*

954 Recueil des choses mémorables advenuës sous la Ligue qui s'est faite contre la Religion Réformée pour l'abolir. 2. *vol.* 18.

955 Les Mémoires de la Ligue sous Henry III.
& Henry IV, 1602. 6. vol. 8.

956 Historia delle Guerre Civile di Francia de
Henr. Cat. Davila. *in Roano*. 1646. *fol.*

957 Chronologie novenaire, contenant l'histoire
de la Guerre sous Henry IV. par P. Victor Cayet,
Paris. 1608. *in 8*.

958 Mémoires pour servir à l'Histoire de Henry III.
& Henry IV. *dits* les Mémoires d'Angoulesme.
Paris. 1667. *in 12*.

959 Mémoires de Bellievre & de Silleri, conté-
nant la négociation de la Paix de Vervins. *La
Haye*. 1696. 2. *tom*, 1. *vol. in* 12.

960 Procès de la dissolution du mariage d'entre
Henry IV. Roi de France, & de Marie Mar-
guerite fille du Roi Henry II. Ensemble les
remontrances de M. de la Guesle Procureur Gé-
neral, & le Conseil du Card. d'Ossat à ce sujet.
fol. MS.

961 Recueil des choses mémorables avenuës en
France sous le Regne de Henry II. François II.
Charles IX. Henry III. & Henry IV. depuis
1547. jusqu'en 1597. *in* 8.

962 Mémoires d'Etat de Philippe Hurault De Chi-
verny. *Paris*. 1636. 4.

963 Jacobi Augusti Thuani Historia sui temporis.
Londini. 1732. 7. *vol. fol. mar. r.*

964 Histoire Universelle de Jacques-Auguste de
Thou, depuis 1543. jusqu'en 1607. *Londres*.
1734. 16. *vol.* 4. *g. p.*

965 Histoire Universelle du Sr. Daubigné Maillé.
1616. *fol.* 3. *tom*. 2. *vol.*

966 Mémoires d'Etat de Villeroy. *Trevoux*. 1723.
7. *vol.* 12.

967 Les Lettres du Cardinal Ossat, avec les
Notes historiques & politiques d'Amelot de la

Houssaye. *Amst.* 1714. 5. *vol.* 12.

968 Lettres de Henry IV. de Villeroy & de Puisieux au Sr. de la Boderie. *Amst.* 1733. 2. *vol.* in 8.

969 Chronologie Septenaire, ou histoire de la Paix entre les Rois de France & d'Espagne. *Paris.* 1671. *in* 8.

970 Articles de Traité fait en 1604. entre Henry le Grand & le Sultan Amurat. *Paris.* 1615. 4.

971 Mémoires politiques & Militaires de Henry le Grand, par Maximilian de Bethune Duc de Sully. *Paris.* 1683. 2. *vol. in fol.*

972 Mémoires, ou œconomies royales d'Etat de Henry le Grand, par le Duc de Sully. *Trevoux.* 1725. 12. *vol. in* 12.

973 Trois Remontrances faites sur la fin des derniers troubles, & recueillies depuis peu de tems. *Paris.* 1608. 8.

974 Les négociations de M. le Président Jeannin. *Paris.* 1656. *fol.*

976 ⎰ La Chemise sanglante de Henry le Grand.
Le compte du Rossignol en Vers François... *Paris, Corrozet.* 1546.
Le Sacrifice d'Abraham, Tragedie Françoise...de Theodore de Besze. 1553.
Discours lamentable sur l'attentat & parricide commis en la personne de Henry IV. *Lyon.* 1616.
Discours des préparations faites par Jacques Clement Religieux de l'Ordre de S. Dominique, pour délivrer la France de Henry de Valois. *Lyon.* 1589. *in* 12.

977 Memoires pour servir à l'Histoire de France, contenant ce qui s'est passé depuis 1515 jus-

qu'en 1611, par de l'Etoille. *Cologne.* 1719. 2. *vol. in* 8.

979 Procès verbal des propofitions & réfolutions prifes en la Chambre Ecclefiaftique en la tenuë des Etats, fur la fin de la Régence en 1614. *Paris.* 1650. *in fol.*

980 Le Tréfor des Tréfors de France volée à la Couronne par les principaux Officiers de France. 1615. *in* 8.

981 Les avantures du Baron de Fœnefte. *au Dezert.* 1630. *in* 8.

982 Memoires de la Régence de Marie de Medicis, avec un Journal des Conférences de Loudun. *La Haye.* 1720. 2. *vol. in* 12.

983 Recueil des Piéces les plus curieufes qui ont été faite fous le Connétable de Luyne. 1628. *in* 8.

984 Recueil de divers Memoires, Harangues, Remontrances & Lettres fervans à l'Hiftoire de ce tems. *Paris.* 1623. *in* 4.

985 Les Memoires de M. Philippe de Mornay. *Amft. & Paris.* 1626. & 1652. 4. *vol. in* 4.

986 La vie du Connétable de Lefdiguieres, par Videl. *Paris.* 1638. *in fol.*

987 Memoires du Duc de Rohan, depuis la mort d'Henri, jufqu'en 1629. *Paris.* 1661. 2. *vol. in* 12.

988 Memoires de Theodore Agrippa d'Aubigné, avec l'Hiftoire de Madame de Mucy. *Amft.* 1731. 2. *tom.* 1. *vol.*

989 Dialogues de trois Vigerons du Païs du Maine fur les miferes de ce tems, par Jean de Soufnor. *au Mans.* 1629. *in* 12.

990 Memoires du Maréchal de Baffompiere. *Amft.* 1721. 4. *vol. in* 12.

991 Les mêmes, contenant l'Hiftoire de fa vie,

& de ce qui s'eft fait de plus remarquable à la Cour de France. *Trevoux.* 1723. 4. *vol. in* 12.

992 La défenfe du Roi & de fes Miniftres, contre le Manifefte qui coure fous le nom de Monfieur, par des Montagnes. *Paris.* 1631. *in* 8.

993 Journal du Cardinal de Richelieu. *Paris.* 1652. 2. *vol. in* 12.

994 Lettres du Cardinal de Richelieu. *Cologne.* 1695. *in* 12.

995 Teftament Politique du Cardinal de Richelieu. *Amft.* 1688. *in* 12.

996 L'Hiftoire du même, par Aubery. *Cologne.* 1666. 2. *vol. in* 16.

997 La vie d'Armand Jean Dupleffis Card. Duc de Richelieu, par le Clerc. *Amft.* 1724. 3. *vol. in* 12.

998 Memoires de M. de Montchal, contenant des particularitez de fa vie & du miniftere du Cardinal de Richelieu. *Rotterdam.* 1718. 2. *vol. in* 12.

999 Les mêmes de Montrefor. *Cologne.* 1663. 2. *vol. in* 12.

1000 Hiftoire des Diables de Loudun ou de la Poffeffion des Religieufes Urfelines, & de la condamnation d'Urbain Grandier. *Amft.* 1716. *in* 12.

1001 Le Mercure François ou fuite de l'Hiftoire de la Paix, par Victor Cayet. *Paris.* 1611. 42. *vol. in* 8.

1002 La vie du Duc d'Efpernon, contenant l'Hiftoire fecrette des Faits les plus mémorables arrivés en France fous les Régnes d'Henry III. &c. jufqu'en 1642. *Amft.* 1736. *in* 4.

1003 Hiftoire du Régne de Louis XIII. par le Vaffor, *Amft.* 1717. 15. *vol. in* 12.

1004 Les Memoires de M. le Duc de Guiſe. *Pa-*
ris. 1668. *in* 4.

1005 Memoires de la Minorité de Louis XIV.
Trevoux. 1723. 2. *vol. in* 12.

1006 Memoires de M. Lenet, Conſeiller d'Etat,
contenant l'Hiſtoire des Guerres Civiles des
années 1649. & ſuivantes, principalement celles
de Guienne & autres Provinces. 1729. 2. *vol.*
in 12.

1007 Memoires de M. D. L. R. Rochefoucault,
ſur les Brigues à la mort de Louis XIII. *Amſt.*
1710. *in* 12.

1008 Memoires de Madame la Ducheſſe de Ne-
mours. *Cologne.* 1709. *in* 12.

1009 Memoires de feu Omer Talon, Avocat Ge-
neral au Parlement de Paris. *La Haye.* 1732. 8.
vol. in 12.

1010 Memoires de Pontis. *Paris.* 1678. 2. *vol.*
in 12.

1011 Les mêmes. *Paris.* 1715. 2. *vol. in* 12.

1012 Memoires du Cardinal de Retz, contenant
ce qui s'eſt paſſé pendant les premieres années
du Régne de Louis XIV. *Amſt.* 1718. 3. *vol.*
in 12.

1013 Memoires de Joly, pour ſervir d'éclairciſſe-
ment & de ſuite aux Memoires de Retz. *Rotter.*
1718. 2. *vol. in* 12.

1014 Jugement de tout ce qui a été imprimé con-
tre le Cardinal Mazarin, par Gabriel Naudé.
in 4. *g. p.*

1015 Memoires de François de Paule de Cler-
mont Marq. de Monglat, depuis 1635. juſqu'en
1660. *Amſt.* 1727. 4. *vol. in* 12.

1016 Memoires du Chevalier de Terlon, conte-
nant les Négociations depuis 1656. juſqu'en
1661. *Paris.* 1681. 2. *vol. in* 12.

1817 Les Memoires de M. Roger de Rabutin, Comte de Buſſy. *Pars. Imp. Royale.* 1696. 2. *vol. in* 4.°

1018 Les mêmes. *Paris.* 1712. 3. *vol. in* 12.

1019 Les Entretiens familiers des Animaux parlans, où ſont découverts les plus importans ſecrets de l'Europe. *Amſt.* 1672. *in* 12. *m. r.*

1020. Recueil Hiſtorique, contenant diverſes Piéces curieuſes de ce tems. *Cologne.* 1666. *in* 12.

1021 Lettres, Memoires & Négociations du Comte d'Eſtrade, depuis 1637. juſqu'en 1668. *La Haye.* 1719. 6. *vol. in* 12.

1022 Hiſtoire de Henry de la Tour d'Auvergne Vicomte de Turenne, par Ramſay. *Paris.* 1735. 2. *vol. in* 4. *g. p.*

1023 Recueil de la Négociation traitée à Cologne. *Anvers.* 1680. *in* 8.

1024 Memoires du Duc de Navailles & de la Vallette. *Amſt.* 1701. *in* 12.

1025 Memoires de la Cour de France, par Madame de la Fayette. *Amſt.* 1731. *in* 12.

1026 Teſtament Politique de Jean B. Colbert. *La Haye.* 1694. *in* 12.

1027 Memoires pour ſervir à l'Hiſtoire de Louis de Bourbon Prince de Condé. *Cologne.* 1693. *in* 12.

1028 Teſtament Politique du Marquis de Louvois. *Rouen.* 1695. *in* 12.

1029 Annales de la Cour & de Paris pour les années 1697. & 1698. *Amſt.* 1703. 2. *vol. in* 12.

1030 Memoires du Comte de Forbin chef d'Eſcadre. *Amſt.* 1730. 2. *vol. in* 12.

1031 Memoires d'Artagnan, contenant pluſieurs particularités du Régne de Louis le Grand. *Cologne.* 1701. 3. *vol. in* 12. *m. v.*

1032 Memoires ſur les principaux évenemens du

Régne

Régne de Louis XIV. par le Marquis de la Fa-
re. *Rott.* 1716. *in* 8.

1033 Histoire de France sous le Régne de Louis
XIV. par M. de Larrey. *Rotterdam.* 1721. 9.
vol. in 12.

1034 La même. 1738. 9. *vol. in* 12.

1035 Médailles sur les principaux évenemens du
Régne entier de Louis le Grand, avec des ex-
plications Historiques. *Paris. Imp. Royale.* 1723.
in fol. g. p. m. r.

1036 Memoires de la Régence de S. A. R. Mon-
seigneur le Duc d'Orleans durant la Minorité
de Louis XV. *La Haye.* 1736. 3. *vol. in* 12.

1037 Le Sacre de Louis XV. *Paris. de l'Imprim.
Royale.* 1725. *gr. in fol. m. b.*

1038 Histoire de la Guerre présente, contenant
ce qui s'est passé de plus important en Italie,
sur le Rhin, en Pologne & dans la plûpart des
Cours de l'Europe, par P. Massuet. *Amst.* 1735.
in 12.

1039 Histoire de la derniere Guerre & des Négo-
ciations pour la Paix, avec la vie du Prince Eu-
gene de Savoye, par le même. *Amst.* 1736. 5.
vol. in 12.

Histoire des Provinces & des Villes
de France.

1040 Les Antiquitez & Recherches des Villes &
Châteaux remarquables en France, par Du-
chesne. *Paris.* 1668. 2. *vol. in* 12.

1041 Histoire de la Ville de Paris, par Dom Mi-
chel Felibien. *Paris.* 1725. 5. *vol. in fol. g. p.*

M

1042. Memorial de Paris & de ses environs, par M. l'Abbé Antonini. *Paris.* 1734. *in* 12.

1043 Histoire de l'Abbaye Royale de S. Germain des Prez, par Dom Jacques Bouillard. *Paris.* 1724. *in fol. fig.*

1044 Histoire de l'Hôtel Royal des Invalides, par J. Joseph Granet. *Paris.* 1736. *in fol. g. p.* figur.

1045 Histoire de l'Abbaye Royale de S. Denis en France, par Dom Mich. Felibien. *Paris.* 1706. fol. fig.

1046 Description de Versailles & de Marly, par Piganiol de la Force. *Paris.* 1730. 2. *vol. in* 12. fig.

1047 Description du Château, Bourg & Forêt de Fontainebleau, par Guilbert. *Paris.* 1731. 2. *vol. in* 12.

1048. Brittannia ou recherche de l'antiquité d'Abbeville, par N. Sanson. *Paris.* 1636. *in* 8.

1049 Chartres & Titres anciens des Habitans de Tonnerre. *Auxerre.* 1630. *in* 8.

1050 Histoire de la Ville de Rouen. *Rouen.* 1668. 3. *vol. in* 12.

1051 Dissertation Historique sur l'origine des Bretons, & sur leurs premiers Rois. Histoire des Ducs de Bretagne, & des différentes révolutions arrivées dans cette Province. Histoire particuliere de la Ligue en Bretagne, par M. l'Abbé Guyot des Fontaines. *Par.* 1739. 6. *vol. in* 12.

1052 Histoire de Bretagne, par Dom Guy Alexis Lobineau. *Paris.* 1707. 2. *vol. in fol.*

1053 Histoire de Berri, contenant tout ce qui regarde cette Province, par Thaumas de la Thaumassiere. *Paris.* 1689. *in fol.*

1054 { Memoires des Comtes du Maine, par Pierre Trouillard. *Au Mans.* 1643.
La Retraite des dix mille de Xenophon, par Perrot d'Ablancourt. *Paris.* 1665. *in* 12.

1055 Histoire de l'auguste & vénérable Eglise de Chartres, par Sablon. *Chartres.* 1683. *in* 12.

1056 Description de la Limagne d'Auvergne, traduite de l'Italien de Symeon, par Antoine Chappuys. *Lyon. in* 4.

1057 Steph. Baluzii Historia Tutelensis. *Paris. Typ. Regia.* 1714. *in* 4.

1058 Histoire generale de Languedoc, avec les piéces justificatives, par DD. de Vic & Vaissete. *Paris.* 1730. 3. *vol. in fol. g. p.*

1059 Les Annales de la Ville de Toulouse, par G. la Faille. *Toulouse.* 1687. 2. *vol. in fol. fig. de le Clerc.*

1060 Le Parlement de Bourgogne, son origine, son établissement & son progrès, par Pierre Palliot. *Dijon.* 1649. *in fol. g. p. fig.*

1061 Histoire de Bresse & Bugey, par Samuel Guichenon. *Lyon.* 1650. 2. *vol. in fol.*

1062 Histoire des Rois, Ducs & Comte de Bourgogne, d'Arles & Dauphin Viennois, par André Duchesne. *Paris.* 1619. 2. *vol. in* 4.

1063 Histoire de Dauphiné, & des Princes qui ont porté le nom de Dauphin. *Geneve.* 1722. 2. *vol. in fol.*

1064 Histoire de l'antiquité & sainteté de la cité de Vienne en la Gaule Celtique, par le Liévre. *Vienne.* 1629. *in* 8.

1065 Histoire de Provence, par Honoré Bouché. *Aix.* 1664. 2. *vol. in fol.*

1066 La Provence loüée, par Quiqueran. *Lyon.* 1614. *in* 8.

1067 Histoire Ecclesiastique & Civile de Lorrai-

ne, par Aug. Calmet. *Nancy.* 1728. 5. vol. in
fol.

1068 Memoires du Marquis de Beauvau, pour
fervir à l'Hiftoire de Charles IV. Duc de Lor-
raine & de Bar. *Cologne.* 1690. *in* 12.

1069 Hiftoire de la Province d'Alface, depuis
Jules Cefar jufqu'à préfent, par le P. la Guille.
Strasbourg. 1727. 2. *vol. in fol.*

Mélanges de l'Hiftoire de France.

Traitez de l'origine, de la dignité des Rois de France.

1070 Elogium de Laudibus & Prærogativis fa-
crorum liliorum in ftemmate Regis Francorum
exiftentium auth. Joan. Lud. Vivaldo. *Parifiis.*
1608. *in* 8.

1071 La grandeur de nos Rois, & de leur fou-
veraine puiffance. *Paris.* 1615. *in* 8.

1072 Traité de la Majorité de nos Rois & des
Régences du Royaume. *Amft.* 1722. 2. *vol. in* 8.

Traitez des Droits du Roy, du Gou- vernement de l'Etat &c.

1073 Traité des Droits du Roy, fur plufieurs
Etats & Seigneuries &c. par Dupuy. *Paris.*
1655. *in fol. g. p.*

1074 Bouclier d'Etat & de Juftice, contre le def-
fein découvert de la Monarchie univerfelle.
1667. *in* 12.

1075 L'Etat de la France, dans lequel on voit
tout ce qui regarde le Gouvernement Eccle-

fiaſtique, le Militaire, la Juſtice &c. par M.
le Comte de Boulainvilliers. *Londres.* 1727. 3.
vol. in fol.

1076 Hiſtoire de la Milice Françoiſe, par le P.
Daniel. *Paris.* 1721. 2. *vol. in* 4.

1077 Abregé Chronologique & Hiſtorique de
l'Origine, du Progrès & de l'Etat actuel de la
Maiſon du Roy, & de toutes les Troupes de
France, tant d'Infanterie que de Cavalerie &
Dragons, par Simon Lamoral. *Liege.* 1734. 3.
vol. in 4.

Traitez des Monnoyes de France.

1078 Recherches curieuſes des Monnoyes de Fran-
ce, par Claude Bouteroue. *Paris. Cramoiſy.* 1666.
in fol. mar. b.

1079 Traité Hiſtorique des Monnoyes de Fran-
ce, par le blanc. *Paris. in* 4.

Traitez des Offices, Charges, Dignitez, &c.

1080 Origine des Offices de France. *in fol. MJ.
gr. p.*

1081 Memoire ſur la Queſtion de préſéance pour
M. les Ducs & Pairs de France, contre le Ma-
réchal de Luxembourg. *Paris.* 1693. *in* 12.

1082 Hiſtoire des Chanceliers & Gardes des Sceaux
de France, par Ducheſne. *Paris.* 1680. *in fol.
gr. p.*

1083 Hiſtoire des Conneſtables, Chanceliers &
Gardes des Sceaux de France &c. par Jean
le Feron, avec les augmentations de Denis Go-
defroy. *Paris. de l'Imp. Royale.* 1658. *in fol.*

Cérémonies de France.

1084 Le Cérémonial François, ou description des Cérémonies, Rangs & Séances observées en France, par Theod. & Den. Godefroy. *Paris.* 1649. 2. *vol. in fol.*

1085 Le même. *Paris.* 1719. *in* 4.

Ouvrages divers sur l'Histoire de France.

1086 Les Oeuvres d'Estienne & Nicolas Pasquier. *Amst. Trevoux.* 1723. 2. *vol. in fol.*

1087 Mélanges Historiques, par Pierre de saint Julien. *Lyon.* 1589. *in* 8.

1088 Les mêmes, ou Recueil de plusieurs Actes, Traitez & Lettres Missives, depuis 1390. jusques à 1588. par Camusat. *Troyes.* 1619. *in* 8. *mar. bl.*

1089 Le Mars François ou la Guerre de France, par Alexandre Patricius Armacanus. 1637. *in* 8. *mar. bl.*

1090 Traité de la Politique de France, par P. Hurault, Marq. du Châtelet. *Cologne.* 1677. 2. *vol. in* 12. *mar. r.*

Histoire d'Allemagne.

1091 Histoire de l'Empire, contenant son Origine, son Progrès, par Heiss. *Paris.* 1731. 3. *vol. in* 4.

1092 La Vie de l'Empereur Charles V. traduite de Gregorio Leti. *Bruxelles.* 1710. 4. *vol. in* 12.

1094 Memoires de Montecuculi Generalissime des Troupes de l'Empereur. *Cologne*. 1722. *in* 12.

1095 Pompe Funebre du Prince Albert Archiduc d'Autriche , avec les fig. de Francquart. *Bruxelles*. 1729. *in fol.*

1096 Memoires de M. de la Colonie, Maréchal de Camp des Armées de l'Electeur de Baviere, depuis 1692. jusqu'en 1717. *Bruxelles.* 1737. 2. *vol. in* 12.

1097 Dissertatio de ratione status in Imperio Romano Germanico auth. Hippolitho à Lapide Freistadii. 1647. *in* 12.

1098 Histoire de la succession aux Duchez de Cleves, Bery & Juliers &c. par Rousset. *Amst.* 1738. 2. *vol. in* 12.

Histoire de Flandres, de Hollande.

1099 Les Antiquitez de la Gaule Belgique, par Wassebourg. *Paris.* 1549. *in fol. m. r.*

1100 Les Chroniques & Annales de Flandres, par Pierre d'Oudegherst. *Anvers.* 1561. *in* 4. *m. bl.*

1101 L'Histoire des Païs-Bas, depuis l'an 1560. jusqu'à la fin de l'année 1602. *Geneve.* 1604. 2. *vol. in* 8.

1102. Histoire des troubles & des guerres Civiles du Païs-Bas , depuis 1559. jusqu'en 1581. 1582. *in* 8.

1103 Annales & Histoire des troubles des Païs-Bas, par Grotius. *Amst.* 1662. *in fol.*

1104 Les Memoires d'Olivier de la Marche. *Gand.* 1567. *in* 4. *m. r.*

1105 Opere del Card. Bentivoglio. *in Parigi.* 1648. *in fol.*

1106 Le grand Théatre profane du Duché de Brabant, par Jacques le Roy. *La Haye.* 1730. *in fol. g. p.*

1107 Emanuel-Erneste , Dialogue de deux personnages fur l'état des Baïs-Bas. *Anvers.* 1580. *in* 8.

1108 Memoires de Frederic Henri Prince d'Orange, contenant fes expéditions Militaires, depuis 1621. jufqu'en 1646. *Amft.* 1733. *in* 4. *gr. p.*

1109 Hiftoire de la Vie de Frederic Henri de Naffau Prince d'Orange , par J. Commelyn. *Amft.* 1656. *in fol.*

1110 La même. *Levvarde.* 1715. 2. *vol.*

1112 Genealogia Comitum Flandriæ à Balduino Ferreo ad Philippum IV. ufque. auth. Olivario Vredio. *Brugis.* 1642. *in fol.*

1113 Sigilla Comitum Flandriæ cum Expofitione Hiftorica Olivari. *Brugis.* 1637. *in fol.*

1114 Hiftoire Metallique de la Republique de Hollande, par Bizot. *Amft.* 1688. 3. *vol. in* 8.

1115 La même des dix-fept Provinces des Païs-Bas, traduite de Hollandois de Gerard Van-Loon. *La Haye.* 1732. 5. *vol. in fol. g. p.*

1116 La Vie de Michel Ruiter , Amiral d'Hollande , ou eft comprife l'Hiftoire Maritime des Provinces Unies, depuis 1652. jufqu'en 1676. *Amft.* 1698. *in fol.*

1117 Les délices de Leide , contenant fa defcription, fon antiquité &c. *Amft. in* 12.

1118 Traité du Commerce des Hollandois , trad. du François. *Lond.* 1723. *in* 8. *en Anglois.*

Histoire des Suisses.

1119 La République des Suisses, traduite du Latin de Simler. *Geneve.* 1577. *in* 12.

1120 Histoire de Geneve, par Spon. *Geneve.* 1730. 2. *vol. in* 4.

1121 Histoire de la Vatteline & des Grisons, contenant les Memoires, Discours, Traitez & Négociations, au sujet des troubles survenuës en ce Pays en 1620. *Geneve.* 1632. *in* 8.

Histoire d'Espagne, de Portugal.

1122 Historia General de España Compuesta Por el Padre Juan de Mariana. *en Madrid.* 2. *tom.* 1. *vol. in fol.*

1123 Histoire General d'Espagne, traduite de Mariana par Jos. Nic. Charenton, avec la Dissertation Historique sur les Monnoyes antiques d'Espagne, par M. Mahudel. *Paris.* 1725. 6. *vol. in* 4.

1124 Histoire des révolutions d'Espagne, par le P. d'Orleans. *Paris.* 1734. 3. *vol. in* 4. *g. p.*

1125 Abregé de l'Histoire d'Espagne sous Philippe V. trad. du François par Thomas Rysher. *Lond.* 1724. *in* 8. *en Anglois.*

1126 Etat présent d'Espagne, l'origine des Grands, avec un voyage d'Angleterre. *Villefranche.* 1717. *in* 12.

1127 Historia de D. Filipe secundo, Rey de España, per Luis Cabrera. *Madrid.* 1615. *in fol.*

1128 La Vie de Philippe II. Roi d'Espagne, traduite de l'Italien de Greg. Leti. *Amst.* 1734. 6. *vol. in* 12.

N

94

Histoire du Connétable de Lune Favori de Jean II. Roi de Castille & de Leon. *Paris.* 1720.

1129 Memoires de Jean de Wit grand Pensionnaire de Hollande. *La Haye.* 1709. *in* 12.

1130 La Politique d'Espagne dans la conduite de Ferdinand, surnommé le Catholique. 2. *vol. in Ms.*

1131 Vita di Pietro Giron Duca d'Ossuna, da Gregorio Leti. *Amst.* 1699. 3. *vol. in* 12.

1132 Memoires & Négociations secretes de Ferdinand Bonaventure Comte d'Harrach, par de la Torre. *La Haye.* 1720. 2. *vol. in* 12.

1133 Les mêmes. 1721. 5. *vol. in* 12.

1134 La Guerre d'Espagne, de Baviere & de Flandre, ou Memoires du Marquis de **. *Cologne.* 1707. *in* 12.

1135 Histoire generale de Portugal, par M. de la Clede. *Paris.* 1735. 8. *vol. in* 12.

Histoire d'Angleterre, &c.

1136 Nouveau Théatre de la Grande Bretagne. *Lond.* 1724. 4. *vol. in fol. g. p. fig.*

1137 G. Camdeni Brittannia, sive Chorographica descriptio Regnor. Angliæ, Scotiæ, Hiberniæ, & Insularum adjacentium, cum Tabulis æneis. *Londini.* 1607. *in fol.*

1138 Anglica, Hibernica, Normanica, Cambrica, à veteribus scripta; ex editione Guill. Camdeni. *Francof.* 1602. *in fol.*

1139 Monasticon Hibernicum ou l'Histoire Monastique du Royaume d'Irlande. *Londres.* 1722. *in* 8. *fig. en Anglois.*

1140 Mathæi Paris Historia Anglica. *Londini.* 1640. *in fol. g. p.*

1141 Históire d'Angleterre, d'Ecosse & d'Irlan-
de, par de Larrey. *Rotterd.* 1697. 4. *vol. in*
folio. fig.

1142 La même, par Rapin Thoyras. *La Haye.*
1724. 12. *vol. in* 4. *g. p.*

1143 Abregé de l'Histoire d'Angleterre de Burnet,
par Thomas Stackhouse. *Lond.* 1724. 8. *en Anglois.*

1144 Histoire & Chroniques des Rois d'Angle-
terre, de Richard Bakerkt. *Lond.* 1730. *fol. en*
Anglois.

1145 Histoire des Révolutions d'Angleterre, par
le P. d'Orleans. *La Haye.* 1723. 3. *vol. in* 12.

1146 Histoire secrete des Vies & des Regnes des
Rois & Reines d'Angleterre. *Amst.* 1729. 3. *vol.*
in 12.

1147 Mémoires d'Angleterre, contenant l'Histoire
des deux Roses. *Amst.* 1726. *in* 12.

1148 La Vie de Thomas More Grand Chancelier
de l'Angleterre. *Lond.* 1726. 8. *gr. p. en Anglois.*

1149 Historia o vero vita di Elisabetta Regina d'En-
gelterra da Grigorio Leti. *Amst.* 1693. 2. *vol.* 12.
fig.

1150 Le caractere de la Reine Elizabeth & de ses
principaux Ministres, par Bohun. *La Haye.* 1694.
12.

1151 La Vie de Robert Comte de Leicester, favori
de la Reine Elizabeth. *Lond.* 1727. 8.

1152 Histoire d'Olivier Cromwel, par Raguenet.
Paris. 1691. 4.

1153 La Vie d'Olivier Cromwel, traduite de Leti.
Amst. 1696. 2. *vol.* 12.

1154 Histoire de la Rébellion & des Guerres Ci-
viles d'Angleterre, depuis 1641. jusqu'au réta-
blissement de Charles II. par Clarendon. *La*
Haye. 1704. 6. *vol.* 12.

1155 Recherche & découverte de l'assassinat du

dernier Comte d'Eſſex. *Paris.* 1684. 8.

1156 Mémoires pour ſervir à l'Hiſtoire de la Grande Bretagne , ſous Charles II. & Jacques II. par Gilbert Burnet. *La Haye.* 1725. 5. *vol.* 12.

1157 Hiſtoire du Couronnement de Jacques II. 1687. *en Anglois. in fol. fig.*

1158 Mémoires de la derniere Révolution d'Angleterre , contenant l'abdication de Jacques II. & l'avénement de Guillaume III. à la Couronne. *La Haye.* 1702. 2. *vol.* 12.

1159 Hiſtoire des dernieres Bévolutions d'Angleterre , par Burnet. *La Haye.* 1727. 4. *vol. in* 12.

1160 Hiſtoire de Guillaume III. Roi de la Grande Bretagne. *Amſt.* 1721. 3. *vol.* 12.

1161 L'état préſent de la Grande Bretagne , ſous le Regne de George I. *Amſt.* 1723. 3. *vol in* 12.

1162 Le même, par Jean Chamberlane. *Lond.* 1728. 8. *en Anglois.*

1163 Le véritable état de l'Angleterre. *Lond.* 1726. 8. *en Anglois.*

1164 Mémoire de Burnet ſur l'Hiſtoire de ſon tems. *Lond.* 1725. *in* 12. 3. *vol. en Anglois.*

1165 Rapport du Comitté ſecret , nommé par la Chambre baſſe du Parlement de la Grande Bretagne, par le ſieur Robert Walpole. *Amſt.* 1715. 2. *vol.* 8.

1166 Deſcription de la Ville de Londres , par Guillaume Stow. *Lond.* 1722. *in* 12. *en Anglois.*

1167 Libertez , Privileges & Coutumes de la Ville de Londres , par W. Bohun de Middle Temple. *Lond.* 1723. 8. *en Anglois.*

1168 Articles d'accuſation de haute trahiſon , d'autres grands crimes , & de malverſation contre Robert Comte d'Oxford & de Mortimer. *La Haye.* 1715. *in* 12.

1169 Hiſtoires, Reglemens & Conſtitutions des Free

Mafons. *Lond.* 1723. 4. *en Anglois.*

Hiftoire des Pays Septentrionaux.

1170 Hiftoire de Dannemark, par J. B. Des Roches. *Amft.* 1732. 8. *vol. in* 12.

1171 Relation du Groenlard. *Paris.* 1647. 8.

1172 Hiftoire des Révolutions de Suede, par l'Abbé de Vertot. *Paris.* 1696. 2. *vol.* 12.

1173 Hiftoire de Suede, fous le Regne de Charles XII. par de Limiers. *Amft.* 1721. 6. *vol.* 12.

1174 Hiftoire du Regne de Charles Guftave Roi de Suede, comprife en fept Commentaires, enrichie de taille-douce, traduite en François fur le Latin de Samuel de Puffendorf. *Nurimberg.* 1697. 2. *vol. in fol. fig.*

1175 Hiftoire de Charles XII. Roi de Suede, par M. de Voltaire. *Bafle.* 1731. 2. *vol.* 12.

1176 Nouveaux Mémoires fur l'état préfent de la Grande Ruffie ou Mofcovie. *Amft.* 1725. 2. *vol. iu* 12.

1177 {
Mémoires du Regne de Pierre le Grand Emp. de Ruffie, par J. Neftefuranoi. *La Haye.* 1725. 4. *vol.* 12.
Mémoires de Catherine, Souveraine de Ruffie. *La Haye.* 1728. 12.

1178 Hiftoire des Rois de Pologne & du Gouvernement de ce Royaume, &c. *Amft.* 1733. 3. *vol.* 12.

1179 Mémoires du Chevalier de Beaujeu, contenant fes divers Voyages, &c. *Paris.* 1698. *in* 12.

1180 L'origine véritable du foulevement des Cofaques contre la Pologne, par Linages de Vauciennes. *Paris.* 1674. 12.

1181 Relation des Cours de Pruffe & d'Hanovre,

avec les caractères des principales Personnes qui les composent. *La Haye.* 1706. 12.

1182 Histoire des troubles de Hongrie. *Amst.* 1722. 4. *vol.* 12.

Histoire des Pays hors de l'Europe.

Histoire Orientale.

1183 Bibliotheque Orientale, contenant tout ce qui regarde l'Histoire de ce Royaume, par d'Herbelot. *Paris,* 1697. *in fol.*

1184 Historia de Re Lusignani da Henrico Giblet. *in Venetia.* 1660. *in 12.*

1185 Histoire des Turs de Chalcondyle, avec la continuation de Mezeray. *Rouen.* 1660. *fol.* 2. *vol. fol. g. p.*

1186 Histoire de l'Empire Ottoman, contenant les maximes des Turcs, par Briot. *Amst.* 1714. *in 12. fig.*

1187 La même. de Sagredo. *Amst.* 1724. 5. *vol. in 12.*

1188 Istoria delle stato presente dell. Imperio Ottomano da Constantin Belli. *Venetia.* 1672. *in 4.*

1189 L'etat Militaire de l'Empire Ottoman, par le Comte de Marsigli. *La Haye.* 1732. *in fol.*

1190 Explication des cent Estampes qui representent differentes Nations du Levant. *Paris.* 1715. *in fol. fig. parfaitement enluminées. g. p. m. b.*

Asie.

1191 Histoire de la derniere Révolution de Perse. *La Haye.* 1728. 2. *vol. in 12.*

1192 Histoire Universelle de la Chine, par L. P.

Alvarez Semedo, avec l'Histoire des Révolutions arrivées dans le Royaume, par le P. Martin Martini. *Lyon.* 1667. *in* 4.

1193 Description Géographique, Historique, Chronologique, Politique & Physique de l'Empire de la Chine, par J. B. du Halde. *Paris.* 1735. 4. *vol. fol. g. p.*

1194 Nouveaux Mémoires sur l'état présent de la Chine, par le P. Louis le Comte. *Paris. Anisson.* 1696. 3. *vol, in* 12. *m. r.*

1195 Histoire du Royaume de Siam, par la Loubere. *Paris.* 1691. 2. *vol. in* 12.

1196 { Ambassades de la Compagnie Hollandoise des Indes d'Orient vers l'Empereur du Japon. *Amst.* 1722. 2. *tom.* 1. *vol.* Relation des Guerres Civiles du Japon. *Amst.* 1722. 2. *tom.* 1. *vol. in* 12.

1197 Description des Isles de l'Archipel, traduite du Flamand d'O Dapper. *Amst.* 1703. *fol. fig.*

Affrique.

1198 Description de l'Affrique, traduite du Flamand d'O Dapper. *Amst.* 1686. *fol. fig.*

1199 Histoire des Révolutions de l'Empire de Maroc. *Amst.* 1731. *in* 12.

1200 Nouvelle Relation de l'Affrique Occidentale, par le P. Labat. *Paris.* 1728. 5. *vol. in* 12.

Amérique.

1201 Histoire de l'Amérique Septentrionale, par Bacqueville de la Potherie. *Paris.* 1722. 4. *vol. in* 12.

1202 Nouvelle découverte d'un très-grand Pays situé dans l'Amérique, par Louis de Hennepin. *Utrecht.* 1697. *in* 12. *fig.*

1203 Descripcion de las Indias Occidentales, de Antonio de Herrera. *En Madrid.* 1601. 4. *vol. fol.*

1204 Nouvelle description des Indes Occidentales, par Thomas Gage. *Lond.* 1648. *in fol. en Anglois.*

1205 L'Histoire du Nouveau Monde, ou Description des Indes Occidentales, par J. de Laet *Leyde. Elzeviers.* 1640. *fol. fig.*

1206 Recueil d'Arrests & autres Pieces pour l'établissement de la Compagnie d'Occident. Relation de la Baie de Hudson. *Amst.* 1720. *in* 12.

1207 Relation de la Louisiane & du Fleuve Mississipi. *Amst.* 1720. *in* 12.

1208 Histoire de la Conquête de la Floride, traduite de l'Espagnol de la Vega, par Richelet. *Leide.* 1731. 2. *tom.* 1. *vol.*

1209 Histoire de la Conquête du Mexique, traduite de l'Esp. de Ant. de Solis. *Paris.* 1714. 2. *vol. in* 12.

1210 Histoire de la Découverte & Conquête du Perou, traduite de Zarate. *Paris.* 1716. 2. *vol. in* 12.

1211 Histoire des Incas Rois du Perou, traduite de l'Esp. de la Vega, par Jean Baudouin. *Amst.* 1795. 2. *vol. in* 12.

1213 La même. traduite de l'Espagnol de l'Ynca Garcillasso de la Vega, avec l'Histoire de la Conquête de la Floride, du même. *Amst.* 1737. 2. *vol. in* 4. *g. p. fig. de Picart.*

1214 Histoire générale des Antilles, par du Tertre. *Paris.* 1667. 4. *vol. in* 4.

1215 Histoire des Isles Carraibes, traduite du François, par Jean Davies. *Lond.* 1666. *in fol. en Anglois.*

1216 La Description de la Jamaïque de Thomas Linch Knight. *London.* 1672. *en Anglois. in* 12.

SUPPLEMENT DE L'HISTOIRE.

Histoire Genealogique.

1217 Le Blazon des couleurs en Armes, Livrées & Devises. *Paris.* 1614. *in* 8.

1218 Le Blazon de la Noblesse, ou les preuves de Noblesse, par le P. Menestrier. *Paris.* 1683. *in* 12.

1219 Les Genealogies, Faits & Gestes des Papes, Empereurs & Rois de France, traduites du Latin de Platine. *Paris.* 1519. *in fol. m. r.*

1220 Histoire genealogique de la Maison de France, par M. de sainte Marthe. *Paris. Cramoisy.* 1647. 4. *vol. in fol. g. p.*

1221 La même, par les PP. Ange & Simplicien. *Paris.* 1726. 9. *vol. in fol. g. p.*

1222 La même, de la Maison d'Auvergne, par Justel. *Pavis.* 1645. *in fol.*

1223 La même, par Baluze. *Paris.* 1708. 2. *vol. in fol. g. p.*

1224 La même, de la Maison de la Tremoille, par sainte Marthe. *Paris.* 1667. *in* 12.

1225 {La même, de la Royale Maison de Savoye, par Samuel Guichenon. *Lyon.* 1600. 2. *vol. in fol. g. p.*
Catalogue des Chevaliers de l'Ordre du Colier de Savoye, dit de l'Annonciade, avec leurs Noms, Qualitez, Armes & Blazons, par François Capre. *Turin.* 1654. *in fol. g. p.*

1226 William Dugdale. The Baronage Of England. *London.* 1675. 2. *vol. in fol.*

O

1227 Nobiliaire d'Angleterre, d'Ecoſſe & d'Irlande, par François Nichols. *Lond.* 1729. 4. *vol. in* 12. *fig. en Anglois.*

Antiquitez.

1228 De la gloire & de la magnificence des Anciens, par Malingre. *Paris.* 1612. *in* 8.

1229 {
Cérémonies & Coutumes Religieuſes de tous les Peuples du monde, repréſentées par les figures de Bernard Picard. *Amſt.* 1723. *& ſuiv.* 7. *vol. in fol. g. p. m. bl.*
Superſtitions anciennes & modernes, préjugés vulgaires qui ont induits les peuples à des uſages & à des pratiques contraires à la Religion, avec fig. de Bernard Picard. *Amſt.* 1733. 2. *vol. in fol. gr. pap. mar. bl.*
}

1230 Réponſe à l'Hiſtoire des Oracles de M. de Fontenelle, par le P. Balthus. *Strasbourg.* 1709. 2. *vol. in* 8.

1731 Habiti Antichi. *in Venetia.* 1664. *in* 8.

1232 Diſſertation ſur les Feſtins des anciens Grecs & Romains, & ſur les Cérémonies qui s'y pratiquoient. *La Haye.* 1715. *in* 12.

1233 Le réveil de Chyndonax, avec la ſainteté, Religion & diverſité des cérémonies obſervées aux anciennes ſepultures. *Dijon.* 1621. *in* 4.

1234 Dictionarium Antiquitatum Romanorum & Græcarum Perri Danetii. *Paris.* 1698. *in* 4.

1235 Antiquité ſacrée & profanes des Romains, expliquée & repréſentée en figures. *La Haye.* 1726. *in fol. g. p.*

1236 Reliquiæ antiquæ Urbis Romæ à Mich. ab Overbeke. *Amſt.* 1708. 3. *vol. in fol. g. p. fig.*

1237 Roma Sotteranea di Antonio Bosio. *in Roma.*
1632. *in fol. g. p. fig.*

1238 Columna Antoniniana da Pietro sancti Bar-
toli. *in Roma. in fol. g. p. oblonge.*

1239 Columna Trojana da Pietro sancti Bartoli. *Ro-
ma. in fol. g. p. oblong.*

1240 Histoire de Ptolemée Auletes, dissertation sur
une Pierre gravée du cabinet de Madame. *Paris.*
1698. *in 8.*

1241 Histoire des Médailles, par Charles Patin.
Paris. 1695. *in 12.*

1242 La Science des Médailles antiques & moder-
nes, par Joubert. *Paris.* 1515. 2. *vol. in 12.*

1243 Les recherches des Monnoyes, par Gar-
rault. *Paris.* 1576. *in 8.*

1244 Paradoxes du S. de Malestroiét, sur le fait
des Monnoyes, avec la réponse de J. Bodin.
Paris. 1578. *in 8.*

1245 Gli Antichi Sepolcri, & Antiche Lucerne
Sepolcrali figurate con l'Osservationi di Gio
Pietro Bellori. *in Roma.* 1691. 99. 2. *vol. in
fol. fig.*

1246 Le Cabinet de la Bibliothéque de sainte
Geneviéve, par le R. P. Claude du Molinet.
Paris. 1692. *in fol. g. p. m. r.*

1247 Theod. Jamsonii ab Almeloveen Inventa
Nov. Antiqua. *Amst.* 2584. *in 8.*

1248 L'Antiquité expliquée & représentée en fi-
gures, par Dom Bernard de Montfaucon. *Pa-
ris.* 1719. *& suiv.* 15. *vol. in fol. g. p.*

Solemnités & Pompes.

1249 Les décorations funebres, par le P. Menestrier. *Paris.* 1687. *in* 8.

1250 Le Théatre d'Honneur & de Chevalerie, par André Favin. *Paris.* 1620. 2. *vol. in* 4.

Hiſtoire Litteraire.

1251 Hiſtoire de l'Academie Françoiſe, depuis ſon établiſſement juſqu'en 1652. par M. l'Abbé d'Olivet. *Paris.* 1729. *in* 4.

1252 Jugement des Sçavans ſur les principaux Ouvrages des Auteurs, par Adrien Baillet, & augmenté des Notes de M. de la Monnoye. *Paris.* 1722. 8. *vol. in* 4. *g. p.*

1253 Annales Typographici ab Artis Inventæ origine Opera Mich. Maittaire. *Amſt.* 1733. 3. *vol. in* 4.

1254 Voyage Litteraire de deux Religieux Benedictins. *Paris.* 1717. 2. *vol. in* 4.

1256 A. Beyeri Memoriæ Hiſtorico Criticæ Librorum Rariorum. *Lipſiæ.* 1734. *in* 8.

1257 Notizia de Libri rari nella Lingua Italiana. *Lond.* 1726. *in* 8.

1258 La Bibliothéque des Auteurs qui ont écrits en François, par la Croix du Maine. *Paris. l'Angelier.* 1584. *in fol.*

1259 La Bibliothéque d'Antoine du Verdier, avec l'Epitome de Geſner. *Lyon.* 1585. *in fol.*

1260 Le Journal des Sçavans, depuis l'an 1665.

jusques & compris 1733. *Amst. & Paris.* 1665.
& suiv. 139. *vol. in* 12.
Manq. les années 1718. 19. 21. 22. 23.
1261 Nouvelles de la République des Lettres,
par P. Bayle & J. Bernard, depuis 1684. jus-
qu'en 1718. 37. *vol. in* 12.
1262. Histoire des Ouvrages des Sçavans, par
Basnage, depuis 1687. jusqu'en 1700. *Rotterd.*
1687. 20. *vol. in* 12.
1263 La Bibliothéque choisie, pour servir de sui-
te à la Bibliothéque Universelle. *Amst.* 1706.
28. *vol. in* 12.
1264 Bibliothéque ancienne & moderne, pour ser-
vir de suite aux Bibliothéques Universelle &
Choisie, par J. le Clerc. *Amst.* 1714. 24. *vol.*
in 12.
1265 Memoires de Litteratures de Salengre. *La*
Haye. 1715. 2. *vol. in* 8. *g. p. m. r.*
1266. Histoire Critique de la République des Let-
tres, tant ancienne que moderne. *Utrecht.* 1712.
15. *vol. in* 12.
1267 Essais de Litterature pour la connoissance
des Livres. *La Haye.* 1703. 2. *vol. in* 12.
1268 Critique désinteressée des Journaux Litte-
raires & des Ouvrages des Sçavans. *La Haye.*
1700. 3. *vol. in* 12.
1269 Catalogus Librorum Bibliothecæ publicæ
Universitatis Lugduno Batavæ. *Lugd. Bat.* 1716.
in fol.
1270 Catalogus Librorum Bibliothecæ Nicol. Ba-
chelier. *Parisiis.* 1725. *in* 4.
1271 Bibliotheca Bentesiana. *Amst.* 1702. *in* 4.
1272 Bibliotheca D. Bulteau, à G. Martin Digesta.
Parisiis. 1711. *vol. in* 12.
1273 Catalogue des Livres de la Bibliotheque de
feu M. Jean-F. Paul Le Febvre de Caumartin,

Evêque de Blois. *Paris.* 1734. *in* 12.

1274 Bibliotheca Colbertina. *Parisiis.* 1723. 3. *vol. in* 12.

1275 Bibliotheca Fayana Digesta, à G. Martin. *Parisiis.* 1725. *in* 8.

1276 Catalogus Librorum Bibliothecæ Gab. Tricheti du Fresne. *Parisiis.* 1662. *in* 4.

1277 Bibliotheca Joannis Galloys, à Laurentio Seneuze, Digesta. *Parisiis.* 1710. 2. *vol. in* 12.

1278 Bibliotheca Joannis Giraud, à Prospero Marchand, Digesta. *Parisiis.* 1707. *in* 12.

1279 Catalogue de la Bibliotheque du Baron de Hohendorf. *La Haye.* 1720. 3. *vol. in* 8.

1280 Catalogus Bibliothecæ Comitis Hoym. à G. Martin, Digestus. *Parisiis.* 1738. *in* 8.

1281 Bibliotheca Telleriana Arch. Remensis. *Parisiis Typographia Reg.* 1693. *in fol.*

1282 Catalogus Bibliothecæ Thuanæ, à Jos. Quesnel, Editus. *Parisiis.* 1676. 2. *vol. in* 8,

1283 Catalogue des Livres de la Bibliotheque de feu M. l'Arch. de Rheims. *in* 4.

Vies des Hommes Illustres.

1284 Les Vies & les Morales de Plutarque, de la traduction d'Amiot. *Paris Vascosan.* 1567. 14. *vol. in* 8.

1285 Les Vies des Hommes Illustres de Plutarque, trad. en François, par M. Dacier. *Amst.* 1724. 9. *vol. in* 12.

1286 Cornelii Nepotis excellentium Imperatorum vitæ. *Londini.* 1715. *in* 12.

1287 Images des Héros & des Grands Hommes de l'antiquité, par Jean Ange Canini. *Amsterd.* 1731. *in* 4. *g. p. m. citron.*

1288 Elogi, Vita d Huomini Illustri di Paolo

Giovio. *in Fiorenza.* 1554. *in* 4.

1289 Les Oeuvres de Brantome, avec le Traité des Duels. *Leide. Sambix.* 1665. 10. *vol. in* 12.   12.

1290 Mémoires de Brantome, touchant les Duels. *Trevoux.* 1722. *in* 12.   1.

1291 Uberti Folietæ Clarorum Ligurum Elogia. *Roma.* 1577. *in* 8.   1.

1292 L'Histoire d'aucuns Favoris, par M. Du Puis. *Amst.* 1661. *in* 16.   2.

1293 Histoire des plus illustres Favoris, avec le récit de ce qui s'est passé à la mort du Maréchal d'Ancre, par P. D. P. Pierre Du Puy. *Leide.* 1662. *in* 22.   2.

1294 Les Imposteurs Insignes, par J. B. de Rocoles. *Bruxelles.* 1728. 2. *vol. in* 12.   5.

1295 La Vie de Cassiodore Chancellier & premier Ministre de Theodoric le Grand, par de sainte Marthe. *Paris.* 1694. *in* 12. *m. r.*   1.

1296 La Vie de Mahomet, par le Comte de Boulainvilliers. *Amst.* 1731. *in* 12.   3.

1297 La Vie de François de La Nouë, *dit* Bras-de-Fer. *Leide.* 1661. *in* 4.   2.

1298 Les Femmes Illustres, ou les Harangues de M. de Scudery. *Paris.* 1664. 2. *vol. in* 4.   3.

1299 Vita di Donna Olimpia Maldachini da Gualdi Ragusa. 1667. *in* 12.   1.

1300 Essais sur les Honneurs & sur les Monumens accordés aux illustres Sçavans, pendant la suite des siécles, par M. Titon du Tillet. *Paris.* 1724. *in* 12.   1.

1301 Diogene Laerce de la Vie des Philosophes. *Paris.* 1668. 2. *vol. in* 12.   2.

1302 Le Vité de Filosofi estrate da Laertio. *in Venetia.* 1675. *in* 12.   1.

1303 Istoria de Poeti Greci scritta de Lorenzo Crasso. *in Napoli.* 1678. *fol.*   4.

1304 Historia Typographorum aliquot Parisien-
sium vitas & libros complectens. *Lond.* 1717. *in* 8.

1305 Mich. Maittaire, Stephanorum Historia vitas
ipsorum ac libros complectens. *Lond.* 1709. *in* 8.

1306 Les Hommes Illustres qui ont paru en France
pendant ce siecle, par Perrault. *Paris.* 1696.
fol. g. p.

1307 Le Parnasse François, par Titon du Tillet.
Paris. 1732. *fol. g. p.*

1308 Henr. Dodwelli exercitationes de ætate Pha-
laridis & Pythagoræ. *Lond.* 1704. *in* 8.

1309 Histoire des vies & faits de Martin Luther,
de Jean Ecolampade & de Huldrich Zuingle,
traduite du Latin de Calvin, par Th. de Beze.
1564. *in* 12. *m. r.*

1310 Histoire de la vie & mort de Jean Calvin,
par le même. *Geneve.* 1657. *in* 8. *m. bl.*

1311 La même. *Geneve.* 1656. *in* 8.

1312 De vita & moribus Theodori Bezæ. Ant.
Jacob. Laingæo. *Parisiis.* 1585. *in* 8.

1313 La Vie de Pierre Bayle, par M. Des Maizeaux.
La Haye. 1732. 2. *vol. in* 12.

1315 Histoire de la Vie de François de Salignac
de la Motte Fenelon. *Bruxelles.* 1725. *in* 12.

1316 La Vie de Madame J. M. B. de la Mothe
Guion. *Cologne.* 1720. 3. *vol. in* 8.

1317 Le Vite de Pittori Scultori & Architetti di
Giorgio Vasari. *Bologna.* 1647. 3. *vol. in* 4.

1318 Entretiens sur les Vies & Ouvrages des plus
excellens Peintres & Architectes, par Felibien.
Paris. 1696. 3. *vol. in* 4.

1319 Les mêmes. *Trevoux.* 1725. 6. *vol. in* 12.

Extraits Historiques, Dictionnaires &c.

1320 Le Grand Dictionnaire Historique de Louis de Morery. *Amst.* 1694. 4. *tom. en* 2. *vol. in folio.*

1321 Le même, avec le Supplement de M. l'Abbé Goujet. *Paris.* 1732. & 35. 8. *vol. in fol.*

1322 Dictionnaire Historique & Critique, par P. Bayle. *Rott.* 1720. 4. *vol. in fol.*

1323 Memoires Historiques, Critiques & Litteraires, par Amelot de la Houssaye. *Amst.* 1722. 2. *vol. in* 12.

1324 Les mêmes. *Amst.* 1737. 3. *vol. in* 12.

CATALOGUS

Autorum variorum interpretatione & notis Illustratorum, jussu Christianissimi Regis in usum Serenissimi Delphini.

1325
- Panegyrici Veteres : Interp. ac Notis Illustravit Jacob. de la Beaune Soc. Jes. *Paris.* 1671.
- Florus : Inter & Notis Illustravit Anna Tanaquilli Fabri filia. *Paris.* 1674.
- Sallustius : Interp. ac notis Illustravit Dan. Crispinus Helvetius. *Paris.* 1674.
- Cornelius Nepos : Interp. & notis Illust. Nic. Courtin. *Paris.* 1675.
- Phædrus : Interp. ac notis Illustravit Petrus Danetius. *Paris.* 1675.

Terentius interp. ac notis Illuftravit Nic. le Ca-
mus. *Paris*. 1675.

Velleïus Paterculus : interp. & notis Illuft. Ro-
bert Riguez Soc. Jef. *Paris*. 1675.

Claudianus : interp. ac notis Illuft. Guiel Pyrrho.
Paris. 1677.

Juftinus : interp. ac notis Illuft. Petrus Jofeph.
Cantel. Soc. Jef. *Paris*. 1677.

Jul. Cæfaris Commentaria : interp. ac notis Il-
luftr. Petrus Goduinus Profeffor Parifienfis.
Parifiis. 1678.

Quintus Curtius : interp. ac notis Illuftr. Mich.
le Tellier Soc. Jef. *Paris*. 1678.

Manilius : interp. ac notis Illuftr. Mich. Fayus ;
accefferunt Petri Danielis Huetii Animadver-
fiones in Manilium & Scaligeri notas. *Paris*.
1679.

M. Accii Plauti Comœdiæ : interp. ac notis Il-
luftravit Petrus Danetius. *Paris*. 1679. 2.
vol.

Titus Livius : interp. ac notis Illuft. Joan. Dou-
jatius. *Paris*. 1679. 6. *vol*.

Valerius Maximus : int. ac notis Illuft. Petr. Jof.
Cantel Soc. Jef. *Paris*. 1679.

Bohetius : interp. ac notis Illuft. Petrus Callyus
Profeffor Cadomenfis. *Paris*. 1680.

Dyctis Cretenfis & Dares Phrygius interp. ac
notis Illuftravit Anna Tanaquilli Fabri filia.
Paris. 1680.

Lucretius : interp. ac notis Illuft. Michael Fayus.
Paris. 1680.

Martialis : interp. ac notis Illuft. Vincentius Co-
leffus, juris utriufque Profeffor. *Paris*. 1680.

Aulus Gellius : interp. ac notis Illuft. Jacob.
Prouft Soc. Jef. *Paris*. 1681.

Aurelius Victor : interpret. ac notis Illuftravit

Anna Tanaquilli Fabri filia. *Paris.* 1681.

Sextus Pompeius Feſtus & M. Verrius Flaccus.
interp. ac notis Illuſtravit Andreas Dacierius.
Paris. 1681.   25.

M. T. Ciceronis Libri qui ad Artem Oratoriam
pertinent interp. ac notis Illuſt. Jac. Prouſt.
Soc. Jeſ. *Paris.* 1682. 2. *vol.*   30.

Tacitus : interp. ac notis Illuſt. Julianus Pichon.
Paris. 1682. 4. *vol.*   200.

Virgilius int. ac notis Illuſt. Carol. Ruæus Soc.
Jeſ. *Paris.* 1675. 2. *vol.*   12.

Eutropius : interp. ac notis Illuſt. Anna Tana-
quilli Fabri filia. *Paris.* 1687.   8.

M. Tullii Ciceronis Orationes : interp. ac notis
Illuſtravit Carol. de de Merouville Soc. Jeſ.
Paris. 1684. 3. *vol.*   18.

Juvenalis & Perſius : interp. ac notis illuſt. Lud.
Prateus. *Paris.* 1684.   18.

Suetonius : inter. ac notis Illuſt. Auguſtinus Ba-
belonius. *Paris.* 1684.   24.

Catullus, Tibullus, Propertius : interp. ac no-
tis Illuſt. Philip. Sylvius Academicus. *Paris.*
1685. 2. *vol.*   30.

M. Tullii Ciceronis Epiſtolæ ad Familiares : int.
& notis Illuſtravit Philip: Quartier Soc. Jeſ.
Paris. 1685.   6.

C. Plinii ſecundi Hiſtor. Naturalis Lib. XXXVII.
interp. ac notis illuſt. Joan. Harduinus Soc.
Jeſ. *Paris.* 1685. 5. *vol.*   75.

Statius : int. ac notis illuſt. Claud. Beroaldus.
Paris. 1685. 2. *vol.*   300.

Prudentius : interp. ac notis illuſt. Step. Cha-
millard Soc. Jeſ. *Paris.* 1687.   100.

Apuleius : interp. ac notis illuſt. Julius Floridus
Canonicus Carnotenſis. *Paris.* 1688. 2. *vol.* 18.

M. Tullii Ciceronis Opera Philoſophica : inter. 250.

ac notis illuſtravit Franc. Lhonoré Soc. Jeſ.
Paris. 1689.
72.   P. Ovidii Naſonis Opera : interp. ac notis illuſt.
Dan. Criſp. Helvetius. *Lugd.* 1689.
18.   Horatius : interp. ac notis illuſt. Lud. Prateus.
Paris. 1691. 2. *vol.*
9.   D. Magni Auſonii Opera : cum interp. ac notis
Julii Floridi & ex recenſione & emendat. Joan.
Bat. Souchay , qui Diſſertationem de vita &
ſcriptis Auſonii & animadverſiones adjunxit.
Paris. 1730. 62. *vol. in* 4, *v. ſ.*

1736.

F I N I S.

Recapitulation

theologiæ — — — — — — — — — 1809 - 60
jurisprudence — — — — — — — — 1270   10
Sciences et arts — — — — — — — 3003   14
Belles Lettres — — — — — — — 4909 - 4
histoire — — — — — — — — 11939 - 18
Autores variorum interpret. — — 1736
————————————————
                    24668. 16

ces prix ont été fixés par Mr de Bure le jeune libraire
il avoit offert 18000ᵗᵗ à Mr de Goignac, Mr Digel en offrit
davantage, mais il se trouva si léze que Mr de Gaignac lui redonna
1200ᵗᵗ pour dédommagement.
Mr de Guignac seroit eu dans le cas de vendre ce cabinet à
livres faute de pouvoir les placer convenablement dans une
maison quil avoit loué, mais depuis il s'est formé une
Bibliotheque qui est très considerable par le nombre la
beauté et la rareté des livres et Manuscrits